Friedrich Voltaire

Die beste Welt

Eine theologische, philosophische, praktische Abhandlung

Friedrich Voltaire

Die beste Welt
Eine theologische, philosophische, praktische Abhandlung

ISBN/EAN: 9783743480414

Hergestellt in Europa, USA, Kanada, Australien, Japan

Cover: Foto ©Lupo / pixelio.de

Weitere Bücher finden Sie auf **www.hansebooks.com**

Die beste Welt in der Geschichte es Candide.

Herausgegeben vom Herrn Doctor Ralph.

Zweyter Theil.

1762.

Vorrede.

ermuntert worden ist, den zweyten Theil seiner Schrift herauszugeben; so hat man mit der Uebersetzung desselben auch eilen und damit der Neubegierde des Publici, sonderlich derer, die nicht mehr über die witzigen Einfälle des Meister Aliboron zu lachen pflegen, die einen Abraham Chaumeix wohl kennen, und die das Journal der Jesuiten zu Trevoux nicht lesen, ein Genüge thun wollen.

Die beste Welt.
Eine Fortsetzung der Geschichte des Candide.

Das erste Capitel.
Wie Candide sich von seiner Gesellschaft abgesondert und was darauf sich zugetragen hat.

Man wird in diesem Leben alles überdrüßig: die Reichthümer ermüden ihre Besitzer; wenn der Ehrgeitz gesättigt ist, so bleibt nichts als Reue übrig; die Süßigkeiten der Liebe sind nicht sehr lange Süßigkeiten; und Candide der dazu gemacht war alle Unbeständigkeit des Glücks zu erfahren, wurde es auch bald satt seinen Garten zu bearbeiten. Herr Pangloß, sagte er, wenn wir in einer Welt sind die unter allen möglichen die beste ist, so werden Sie mir wenigstens dieß zugeben, daß das nicht heißt, einen Theil der möglichen Glückseeligkeit genüßen, wenn ich unbekannt in einem kleinen Winkel des Propontis leben muß, wenn ich mich auf nichts verlaßen darf, als auf meine Arme, die mir auch einmal ihre Dienste versagen können; wenn ich kein anders Vergnügen habe, als welches mir Mademoisell Cunegonde verschaffet, die einmal sehr häßlich und, was das Uebel ärger macht, auch meine Frau ist; wenn ich keine andere Gesellschaft habe, als die ihrige, dabey mir manchmal Zeit und Weile lang wird, oder keinen Umgang, als mit Herrn Martin, dabey ich traurig werde; oder mit dem Giroffel, der nur vor kurzer Zeit ein ehrlicher Mann geworden ist; oder mit der Paquette, und Sie wißen alle Gefahr, die man bey ihr laufen kann; oder aber mit der Alten, die nur einen Hinterbacken hat und die Erzählungen macht, daß man gleich dabey im Stehen einschlafen möchte.

Darauf nahm Pangloß das Wort, und sprach: Die Philosophie lehret uns, daß die Monaden, welche bis ins Unendliche theilbar sind, einen bewundernswürdigen Verstand verrathen, wenn sie sich in Ordnung stellen und die verschiedenen Körper, welche wir in der Natur antreffen, zusammensetzen wollen. Die himmlischen Körper sind das, was sie seyn solten; sie sind an dem Orte, wo sie seyn solten; sie beschreiben die Kreise, welche sie beschreiben solten: der Mensch folget dem Triebe, welchem er folgen soll, er ist das, was er seyn soll, er thut das, was er thun soll. Sie beklagen sich, O! Candide! daß die Monade ihrer Seele verdrüßlich ist; aber der Verdruß ist eine Modification der Seele und das

Die beste Welt.

hindert ja nicht, daß alles nicht solte aufs Beste seyn, in Absicht auf Sie und in Absicht auf andere. Als Sie mich sahen, wie ich von Geschwüren ganz bedeckt war, behauptete ich dem allen ohngeachtet dennoch meine Meynung: denn hätte die Mademoiselle Paquette mir nicht die Süßigkeit und auch das Gift der Liebe schmecken lassen, so hätte ich Sie in Holland nicht antreffen können: ich hätte alsdenn dem Wiedertäufer Jacob keine Gelegenheit gegeben, ein verdienstliches Werk zu verrichten; ich wäre zu Lissabon zur Erbauung des Nächsten nicht aufgehangen worden; ich würde nicht hier und nicht im Stande seyn Sie mit meinem Rathe zu unterstützen und zu machen, daß Sie bey der Leibnitzischen Meynung leben und sterben. Ja mein werthester Candide, alles hänget wie eine Kette zusammen, alles ist nothwendig in der besten unter allen möglichen Welten. Es muß so seyn, daß der Bürger aus Montauban den Königen Unterricht ertheilet; daß der Wurm von Quimper-Corentin (*) critisiret, critisiret, critisiret; daß der Ankläger der Philosophen sich in der Saint-Denis-Straße kreuzigen lässet, daß der Koch der Barfüßer und der Archidiaconus von Sanct-Malo in ihren christlichen Journalen Galle und Verleumdung aussprützen, daß man vor dem Richterstuhl der Melpomene einen der Philosophie wegen anklaget, und daß die Philosophen dennoch fortfahren, die Menschen zu erleuchten, die lächerlichen Thiere, welche in dem Sumpfe der Litteratur in den Bart murmeln, mögen so viel Lärmens machen,

als

_____
(*) Quimper-Corentin ist eine in Cornouaille gelegene Stadt mit einem Bistum. Die Jesuiten haben daselbst ein schönes Collegium.

als Sie immer wollten; und sollten Sie auch aus dem schönsten der Schlösser, mit starken Stössen vor den Hintern, gejaget werden, den Dienst bey den Bulgaren wieder lernen, noch einmal durch Spißruthen laufen, aufs neue die Wirkungen des Eifers einer Holländerin erdulden, vor Lissabon noch einmal ins Wasser stürzen, auf die grausamste Art auf Befehl der allerheiligsten Inquisition wiederum mit Ruthen gestrichen werden; solten Sie ihre ausgestandene Gefahren bey den los Padres, bey den Oreillons, bey den Franzosen noch einmal ausstehen; sollten Sie endlich alle mögliche Wiederwärtigkeiten empfinden müssen und niemals die Meynung des Leibnitz besser verstehen, als ich selbst ihn verstehe; so müssen Sie dennoch jederzeit behaupten, daß alles gut ist, daß alles aufs Beste eingerichtet ist, daß der volle Raum, die feine Materie, die vorher bestimmte Harmonie und die Monaden die allerartigsten Dinger auf der Welt sind und daß Leibnitz ein großer Mann ist, selbst denen, die ihn gar nicht verstehen.

Auf diese schöne Anrede gab Candide, das sanftmüthigste Geschöpf unter der Sonne, wiewohl er drey Menschen und darunter zwey Priester, ums Leben gebracht hatte, auch nicht ein Wort zur Antwort: sondern, überdrüßig des Lehrers und der Gesellschaft, begab er sich den folgenden Morgen mit Anbruch des Tages auf die Flucht, ohne zu wissen wohin und suchte nur einen Ort, wo einem die Zeit nicht lang wird und wo die Menschen keine Menschen sind, so wie in dem guten Lande Eldorado. Candide war darinn minder unglückseelig, weil er die Mademoiselle Cunegunde nicht mehr liebte und von der Freygebigkeit verschiedener Völker, die keine
Christen

Christen sind, die aber Almosen geben, seinen Unterhalt hatte. Nach einer langen und sehr beschwerlichen Reyse kam er nach Tauris, einer, durch die Grausamkeiten, welche die Perser und Türken wechselsweise darinn verübet haben, berühmten Stadt auf den Gränzen von Persien.

Ganz aufgezehret von der Beschwerlichkeit der Reyse und da er fast nur noch so viel Kleider übrig hatte, als er haben muste um nur das zu bedecken, was ihn zum Mann machte, ich meyne die Theile, welche die Menschen die Schaamglieder zu nennen pflegen, war Candide nicht sonderlich geneigt bey der Philosophie des Pangloß zu beharren; als ein Persianer ihn auf die höflichste Art anredete, und ihn bat, er möchte doch sein Haus mit seiner Gegenwart adeln. Sie scherzen mit mir, sagte Candide: Ich bin ein armer Teufel; ich habe eine elende Wohnung welche ich in Propontis hatte, verlaßen, weil ich die Mademoisell Cunegunde geheirathet, die sehr häßlich geworden ist, und weil mir Zeit und Weile lang wurde. In der That ich bin dazu nicht gemacht, jemandes Haus zu adeln. Ich bin selbst nicht von Adel, GOtt sey gelobet! hätte ich das Glück ein Edelmann zu seyn, der Herr Baron von Thunder-ten-tronckh hätte mir die Fußstöße, welche er mir zur Dankbarkeit vor den Hintern gegeben, entweder theuer genug bezahlen sollen, oder ich wäre vor Schaam gestorben: welches ziemlich philosophisch ausgesehen haben würde: überdas bin ich auf die schimpflichste Art von den Henkern der hochheiligen Inquisition und von zwey tausend Helden, die täglich einen Groschen und drey Pfennige zum Lohn haben, gegeißelt worden. Geben Sie mir, was Sie

A 5   wol-

wollen, aber mit meinem Elende müſſen Sie keinen
beleidigenden Scherz treiben, ſonſt würden ihre
Wohlthaten allen ihren Werth verliehren. Herr,
gab der Perſer zur Antwort, Sie können ein Bettler ſeyn und es ſcheint, daß man dieß als ziemlich bekannt annehmen kann; aber meine Religion ver-
pflichtet mich zur Gaſtfreundſchaft: genug, Sie
ſind ein Menſch und ein unglücklicher Menſch; mein
Augapfel wird ihren Füßen eine Bahn ſuchen. Thun
Sie meinem Hauſe die Ehre und adeln es mit ihrer
hell glänzenden Gegenwart. Ich werde thun, was
Sie verlangen, antwortete Candide. Treten Sie
alſo herein, ſagte der Perſer. Sie traten hinein
und Candide konnte die ehrfurchtsvolle Achtung,
die ihm ſein Wirth bezeigte, nicht genug bewundern.
Die Sclaven kamen ſeinen Wünſchen zuvor, es
ſchien als wenn das ganze Haus ſich nur damit be-
ſchäftigte, wie es ſeinem Verlangen ein völliges Ge-
nügen thun möchte. Wenn das ſo fortdauert, ſagte Candide zu ſich ſelbſt, ſo gehet es in dieſem Lande
eben ſo übel nicht zu. Drey Tage waren verlaufen
und die Gütigkeit des Perſianers nahm im geringſten
nicht ab und Candide ſchriee bereits: Herr Pangloß,
ich habe es immer bey mir gedacht, daß Sie wohl
recht haben, denn Sie ſind ein großer Philoſoph!

Das zweyte Capitel.

Was dem Candide in dieſem Hauſe weiter
begegnet und wie er herausgekommen iſt.

Da nun Candide gut genähret, gut gekleidet
wurde und keinen Verdruß weiter hatte, ſo
wur-

wurde er in kurzer Zeit, wieder so roth, so frisch
und so schön als er es in Westphalen war. Ismael
Raab, sein Wirth, sahe diese Veränderung mit
Vergnügen. Dieser Mann war sechs Fuß lang;
zwey außerordentlich rothe, kleine Augen und eine
dicke mit Kupfer reichlich versehene Nase, welche
genügsam anzeigte, daß er ein Uebertretter des mahometanischen Gesetzes sey, waren seine größte Zier-
de: sein Knebelbart war in der Provinz berühmt
und die Mütter wünschten ihren Söhnen nichts mit
mehreren Eifer, als einen solchen Knebelbart. Raab
hatte Weiber, weil er reich war, aber er dachte so,
wie man nur allzuoft in Orient und einigen europäi-
schen Collegien zu denken pfleget. Sie übertreffen
selbst die Sterne an Schönheit, sagte eines Tages
der verschlagene Persianer zu dem guten ehrlichen
Candide, indem er ihm mit leichter Hand das Kinn
kützelte: Sie haben wohl viel Herzen gefesselt: Sie
sind dazu gebauet, andere glücklich zu machen und
selbst glücklich zu seyn. Ach leider! antwortete unser Held, ich bin nur halb glücklich gewesen, hinter
einem Schirm, wo ich eine sehr schlechte Bequemlichkeit hatte. Mademoiselle Cunegunde war damals
ein allerliebstes Mägdchen. . . . Mademoiselle Cunegunde: du armes unschuldiges Kind! Folgen sie
mir Herr! sprach der Persianer. Und Candide
folgte ihm.

Sie kamen endlich an einen abgelegenen sehr an-
genehmen Ort, tief in einem kleinen Gehölz, woselbst
die Stille und Wollust regierten. Hier war es, wo
Ismael Raab den Candide mit Zärtlichkeit umar-
mete, und ihn mit wenig Worten den Antrag zu einer Liebe that, welche derjenigen ähnlich ist, die

der

der schöne Alexis in den Hirtenliedern des Virgils mit so vielem Nachdruck erkläret hat. Candide konnte von seiner Erstaunung gar nicht wieder zu sich selbst kommen. Nein! schrie er, ich werde niemals dergleichen Schandthat dulden! welche Ursach, und welch eine abscheuliche Wirkung! lieber erwähle ich mir den Tod. Der steht dir zu Dienste, erwiederte Ismael voller Wuth. Du Christen-Hund! was? weil ich dir mit aller Höflichkeit ein Vergnügen machen will. . . . Entschlüße dich, entweder meinen Willen zu thun oder den allerschmählichsten Tod auszustehen. Candide war nicht lange unschlüßig. Der zureichende Grund des Persianers machte daß er zitterte und bebete: aber er scheuete den Tod als ein Philosoph.

Man wird alles gewohnt. Candide wurde gut gepfleget, gut ernähret, aber nicht aus den Augen gelaßen. Er war über seinen Zustand so schlechterdings nicht verdrüßlich. Das gute Essen und Trinken, verschiedene Lustbarkeiten, welche von den Sclaven des Jsmaels angestellet wurden, unterdrückten sein Mißvergnügen. Er war nur alsdenn unglücklich, wenn er dachte: und so ist es bey den allermeisten Menschen.

In dieser Zeit kam eine der größesten Stützen der geistlichen Landmiliz in Persien, der Gelehrteste unter den mahometanischen Lehrern, der das arabische an den Fingern hersagen konnte, ja auch das griechische, wie man heut zu Tage in dem Vaterlande eines Demosthenes und Sophocles redet, der Hochwürdige Ed-Ivan-Baal-Denk von Constantinopel zurück, wohin er eine Reyse gethan hatte; in der Absicht sich mit dem Hochwürdigen Mamoud-Abram über einen

sehr

sehr delicaten Lehrsatz zu unterreden: nämlich, ob der Prophet die Feder, welche er brauchte, als er den Alcoran schrieb, aus dem Flügel des Engel Gabriels heraus gerissen, oder ob Gabriel ihm damit ein Geschenk gemacht habe. Sie hatten sich darüber drey Tage und drey Nächte gestritten mit einer Hitze, welche denen Jahrhunderten, darinn dergleichen schöne Streitigkeiten Mode waren, Ehre gemacht haben würde und der Lehrer kam, wie es auch alle Schüler des Aly glauben, mit der Ueberzeugung zurück, daß Mahomet die Feder ausgerissen habe. Manoud-Abram war völlig überzeugt geblieben, wie es auch alle übrige Anhänger des Omars behaupten, daß der Prophet zu einer solchen Unhöflichkeit gar nicht fähig gewesen sey und daß der Engel ihm, mit dem schönsten Anstand von der Welt, seine Feder überreichet habe.

Man sagt, es sey zu Constantinopel ein Stück von einem starken Geiste gewesen, welcher zu verstehen gegeben, daß man zuförderst hätte ausmachen sollen, ob es auch wahr sey, daß der Alcoran mit einer Feder aus dem Flügel des Engel Gabriels geschrieben worden: aber dieser Mensch wurde gesteiniget.

Die Ankunft des Candide hatte zu Tauris viel Aufsehens gemacht: verschiedene Personen welche ihn hatten von den zufälligen und nicht zufälligen Wirkungen reden gehöret, waren auf die Gedanken gerathen, er möchte ein Philosoph seyn. Dem Hochwürdigen Ep-Ivan-Baal-Denk wurde davon auch etwas hinterbracht: er war begierig ihn zu sehen, und Kaab welcher einem Mann von einem solchen Ansehen nicht wohl etwas abschlagen durfte, ließ den Candide in seiner Gegenwart vorfordern. Er schien sehr ver-

vergnügt über die Art und Weise zu seyn, mit der Candide von dem physischen und moralischen Uebel, von dem Wirkenden und dem Leidenden redete. Ich merke Sie sind ein Philosoph, und das ist alles. Aber das ist genug, Candide! sagte der ehrwürdige Ordensmann. Es schickt sich nicht, daß man einem solchen großen Mann, wie Sie sind, in der Welt so unanständig begegnet. Man hat mirs gesagt. Sie sind ein Fremder und Ismael Raab hat kein Recht an ihnen. Ich bin willens Sie bey Hofe bekannt zu machen: Sie werden daselbst sehr gnädig aufgenommen seyn. Der Sophi liebet die Wissenschaften. Ismael, Sie müssen mir diesen jungen Philosophen abfolgen lassen oder befürchten in die Ungnade des Prinzen zu fallen und sich die Rache des Himmels und über das alles die Rache der Mönche über den Hals zu ziehen. Diese letzten Worte jagten dem unerschrockenen Perser ein Schrecken ein: er ließ sich alles gefallen. Candide preisete den Himmel und die Mönche und brach an demselbigen Tage mit dem mahometanischen Lehrer von Tauris auf. Sie nahmen den Weg nach Ispahan, woselbst sie unter den Seegenswünschen des Volkes und mit Wohlthaten überhäufet anlangeten.

Das dritte Capitel.

Die Aufnahme des Candide bey Hofe, und was darauf erfolget ist.

Der ehrwürdige Ed-Ivan-Baal-Denk säumete nicht unsern Candide dem Könige vorzustellen. Seine

Die beste Welt.

Seine Majeſtät fand daran ein beſonderes Vergnügen, ihn zu hören. Er muſte mit verſchiedenen Gelehrten des Hofes ſich in eine Unterredung einlaſſen und dieſe Gelehrten hielten ihn für einen Geck, einen Ignoranten, einen Idioten, welches Betragen viel dazu beytrug, daß Seine Majeſtät überzeugt wurden, er ſey ein großer Mann. Weil ihr, ſagte der König zu ihnen, von den weiſen Vernunftſchlüſſen des Candide nichts verſtehet; ſo ſagt ihr ihm Grobheiten ins Geſicht: ich aber, der ich ebenfalls davon nichts begreife, verſichere euch, daß er ein großer Philoſoph iſt: ich beſchwöre es bey meinem Knebelbart. Dieſe Worte legten den Gelehrten ein Stillſchweigen auf.

Candide bekam ſeine Zimmer auf dem Schloſſe, man gab ihm Sclaven zu ſeiner Aufwartung, man zog ihm ein prächtiges Kleid an, und der Sophi befahl daß kein Menſch, er möchte auch ſagen, was er immer wolte, ſo verwegen ſeyn ſolte zu beweiſen, daß er Unrecht habe. (*) Seine Majeſtät giengen noch weiter. Der ehrwürdige Mönch hörete nicht auf die Gnade des Monarchen zum Vortheil eines Mannes zu erbitten, den er einmal in ſeinen Schutz genommen hatte und der König entſchloß ſich endlich den Candide in die Zahl ſeiner vertrauteſten Lieblinge aufzunehmen.

GOtt ſey gelobet und unſer heiliger Prophet ſagte der Iman, als er den Candide anredete: ich bringe ihnen

---

(*) Wenn dieſe Nachricht denen Philoſophen, welche ihre Zeit unnütz zubringen, damit, daß ſie in der Hütte des Procops alles anbellen, Luſt machen könnte, eine kleine Reyſe nach Perſien vorzunehmen: ſo würde dieſes geringe Werk den Herren Pariſern einen großen Nutzen ſtiften. Dieſe Note iſt von dem Herrn Ralph.

ihnen eine höchst angenehme Neuigkeit. Wie glücklich werden sie nicht seyn, mein werthester Candide! wie viel Neider werden Sie sich noch erwecken! Sie werden künftig in allem möglichen Ueberfluß leben; Sie können sich auf die schönsten Bedienungen im Reiche Hofnung machen. Aber vergessen Sie auch meiner nicht, liebster Freund: Bedenken Sie es, daß ich es bin, der ihnen alle die Gnade, welche Sie nun bald geniessen werden, zugeschanzet hat. Lauter Frölichkeit müsse auf dem Horizont ihres Gesichts herrschen. Der König wird ihnen eine Gnade erzeigen, darum andere sehr gebettelt haben und Sie werden dem Hofe zu einem Schauspiel dienen, dergleichen in einer Zeit von zwey Jahren nicht gesehen worden ist. Und was ist es denn für eine Gnade, mit der mich der Prinz beehret? fragte Candide: Noch an diesem Tage, gab der Mönch voller Freuden zur Antwort, werden sie funfzig Hiebe mit einem Ochsenziemer auf die Fußsohlen empfangen in Gegenwart Seiner Majestät. Die Beschnittenen, welche ernannt sind, Sie zu beräuchern, werden gleich hier seyn: machen Sie sich bereit diese kleine Probe mit Vergnügen auszustehen, damit Sie dadurch der Gnade des Königs aller Könige würdig seyn mögen. Der König aller Könige mag seine Wohlthaten behalten, rief Candide voller Zorn, wenn ich erst funfzig Hiebe mit dem Ochsenziemer empfangen und damit selbige verdienen soll. Seine Majestät pflegen es mit denen, welche sie mit Wohlthaten überschütten wollen, nicht anders zu halten, gab der Doctor ganz kaltsinnig zur Antwort. Ich habe Sie viel zu lieb als daß ich mich sollte, durch den kleinen Wiederwillen, welchen Sie zu erkennen geben, von meinem Vorhaben abschrecken lassen, und ich will

will Sie, wieder ihren eigenen Willen glücklich machen.

Kaum hatte er zu reden aufgehöret, als die Verschnittenen hereintraten: einer der grössesten und stärksten Herren des Hofes, welcher die kleinen Ergötzlichkeiten Seiner Majestät zu vollziehen pflegte, ging voran. Candide mochte sagen und mochte machen was er wollte, man beräucherte ihm, dem Gebrauch gemäß, die Schenkel und die Füße. Vier Beschnittene trugen ihn an den zu dieser Feierlichkeit bestimmten Ort. Zu beyden Seiten stand eine Reihe Soldaten: die musicalischen Instrumente, die Canonen und die Glocken von allen Moscheen zu Ispahan liessen sich hören. Der Sophi (*) in Begleitung der vornehmsten Bedienten seines Hofes und vieler Personen vom Stande, war bereits angelanget. Den Augenblick wurde Candide über ein kleines gantz verguldetes Bänkchen ausgestrecket, und derjenige, welcher die kleinen Ergötzlichkeiten Sr. Majestät zu vollziehen pflegte, machte sich fertig sein Amt zu verwalten. O mein Lehrer Pangloß! mein Lehrer Pangloß! wenn Sie hier seyn solten! . . . . . sagte Candide, und weinete und schriee aus aller Macht. Freylich würde man geurtheilet haben, daß dieses Geschrey wieder allen Wohlstand liese, wenn der Mönch nicht zu verstehen gegeben hätte, daß sein Client aus keiner andern Ursach so lärmete, als weil er damit Sr. Majestät

(*) Ich bediene mich des Worts Sophi, weil es viel bekannter ist als das Wort Sefevy, welches der eigentliche Name ist nach der Meynung des Herrn Petit de la Croix. Sophi bedeutet einen Capuziner-Kayser, nach der Meynung dieses Gelehrten. Doch daran ist nicht viel gelegen. Anmerkungen des Uebersezers.

stät ein grösseres Vergnügen machen wollte. In der That, dieser große König lachte wie ein Narr; ja er fand so gar an der Sache so viel Vergnügen, daß er nach gegebenen Hieben, ihm noch einmal funfzig Hiebe geben laßen wolte. Allein sein erster Minister stellete dem Monarchen, mit einer Herzhaftigkeit, davon man wenig Beyspiele hat, vor, daß es unerhört wäre einem Fremdling so viel Gnade zu erzeigen, daß die Herzen der Unterthanen dadurch abwendig gemacht werden könnten: der Befehl wurde daher wiederrufen und Candide in sein Zimmer zurück gebracht.

Man legte ihn ins Bette, nachdem ihm die Füße mit Weineßig waren gewaschen worden. Darauf kamen die Großen des Hofes einer nach dem andern und wünschten ihm Glück. Zuletzt kam der Sophi und reichte ihm nicht allein, wie es so der Gebrauch war, die Hand zum küssen, sondern er gab ihm auch einen guten Schlag mit der Faust ins Gesicht. Die Staatsmänner urtheileten daraus, Candide würde ein ausserordentlich großes Glück machen, und, sie haben sich auch in ihrem Urtheil nicht betrogen, welches doch sonst bey staatskundigen Männern nicht selten zu geschehen pfleget.

Das vierte Capitel.

Candide empfängt eine neue Gnade. Seine Erhebung.

So bald unser Held wieder gesund war, wurde er dem Könige wieder vorgestellet, um Sr. Maje=

Die beste Welt.

Majeſtåt unterthånigſten Dank abzuſtatten. Der Monarch empfing ihn ſehr gnådig: wåhrender Unterredung gab er ihm zwey oder drey Ohrfeigen und begleitete ihn bis an den Saal, wo ſich die Hauptwache aufhielt, mit derben Fußſtößen vor den Hintern. Die Hofleute wolten darüber aus Verdruß berſten. Denn ſeit der Zeit ſeine Majeſtåt ſich angewöhnet hatten, die Leute, welche ſie beſonders hochhielten, zu prügeln, hatte noch niemand die Ehre gehabt, ſo viel Schlåge zu bekommen, als Candide.

Drey Tage nach dieſer Unterredung wurde unſer Philoſoph, der über alle Gnade und Gunſt toll werden wolte, und der es merkte, daß alles ziemlich ſchlecht ging, zum Statthalter von Chuſiſtan ernennet. Man gab ihm eine uneingeſchränkte Gewalt. Er wurde mit einem gefutterten Bunde gezieret, welches in Perſien ein ſehr großes Ehrenzeichen iſt. Er nahm vom Sophi Abſchied, welcher ihm denn noch einige Proben ſeiner Gnade gab und darauf brach er auf um ſich nach Suß, der Hauptſtadt ſeiner Provinz zu begeben. Die Großen des Reichs, hatten von dem Augenblick, an welchem Candide bey Hofe erſchienen war, auf ſein Verderben allerley Anſchlåge gemacht. Die auſſerordentliche Gnade, womit ihn der Sophi überhåufet hatte, vergrößerte das Ungewitter, welches bereit war über ſeinen Kopf auszubrechen. Inzwiſchen war er vergnügt über ſein Glück und beſonders über ſeine Entfernung vom Hofe: er ſchmeckte zum voraus das Vergnügen, welches ihm der höchſte Rang in der Provinz geben würde und ſagte von Grund der Seelen,

Glücklich sind die Unterthanen, welche von ihren Herren entfernt leben!

Er war noch nicht zwanzig Meilen von Ispahan gekommen, siehe! da kamen fünf hundert von Haupt bis zu Fuß bewafnete Ritter, welche auf ihn und sein Gefolge mit einem male gewaltig feuerten. Candide glaubte einen Augenblick, daß es ihm zur Ehre geschehen möchte; aber eine Kugel, welche ihm das Bein zerschmetterte, lehrete ihn was das zu bedeuten hatte. Seine Leute streckten das Gewehr und Candide wurde mehr todt als lebendig auf ein einsames Schloß gebracht. Sein Gepäck, seine Kameele, seine Sclaven, seine weiße Beschnittene, seine schwarze Beschnittene, und sechs und dreißig Weiber, welche der Sophi ihm zum Gebrauch mitgegeben hatte, kurz alles wurde eine Beute des Ueberwinders. Unserm Helden nahm man das eine Bein ab, aus Furcht vor dem kalten Brande, übrigens wurde er in seiner Krankheit gut gepfleget, in der Absicht seinen Tod desto grausamer zu machen.

O! Pangloß! Pangloß! Wie würde es nun mit ihrer besten Welt stehn, wenn Sie mich und zwar mit einem Beine, in den Händen meiner grausamsten Feinde sehen solten. Da ich nun die Bahn der Ehren betrat, da ich Statthalter oder so zu reden König wurde, von einer der ansehnlichsten Provinzen des Reichs, von dem alten Meden, da ich nun Kameele und Sclaven und weiße Beschnittene und schwarze Beschnittene und sechs und dreißig Weiber zu meinem Gebrauch, und davon noch keine gebrauchet hatte... So sprach Candide, so bald er sprechen konnte.

Die beste Welt.

Währender Zeit Candide ganz untröstlich war, ing doch alles ziemlich gut für ihn. So bald der Staatsrath von der ihm wiederfahrenen Gewalt Nachricht erhalten hatte, wurde eine gute Anzahl Soldaten, die zum Kriege vortreflich abgerichtet waren, fortgeschickt, welche die Aufrührer verfolgen musten, und der Mönch Ed=Ivan=Baal=Denk hatte durch andere Mönche aussprengen laßen, daß Candide ein Geschöpf der Mönche und folglich ein Geschöpf GOttes sey. Diejenigen also welche etwas von der Frevelthat wusten, offenbahreten alles mit desto grössern Eifer, da die Diener der Religion im Namen und auf Befehl des Mahomeds versicherten, daß ein jeder, der Schweinefleisch gegessen, Wein getrunken, viele Tage hinstreichen laßen ohne sich zu baden, den Weibern in der Zeit ihrer Unreinigkeit beygewohnet, alles wieder den ausdrücklichen Verboth im Alcoran, solte ipso facto Vergebung seiner Sünden erlangen, wenn er alles angeben würde, was ihm von der Zusammenverschwörung bekannt geworden wäre.

Es dauerte nicht lange, so wurde das Gefängniß des Candide entdecket. Das Schloß wurde mit stürmender Hand eingenommen und weil es die Sache der Religion war, so wurden die Ueberwundenen ausgerottet, nach der Regel; Candide marschirte über einen Haufen der Erschlagenen, entgieng der Gefahr, er triumphirte über die größte Gefahr, die er noch in seinem Leben ausgestanden hatte und nahm mit seinem Gefolge den Weg nach der ihm anvertrauten Provinz. Er wurde daselbst aufgenommen, wie ein Günstling, der funfzig Hiebe mit dem Ochsenziemer auf die Fußsohlen in Gegenwart des Königs aller Könige empfangen hatte.

Das fünfte Capitel.

Wie Candide ein sehr großer Herr wird und doch nicht vergnügt ist.

Das ist das Schönste an der Philosophie: sie bewegt uns unsern Nächsten zu lieben. Pascal ist fast der einzige Philosoph der das Ansehen hat, als wolte er uns überreden die Menschen zu hassen. Zum Glück hatte Candide den Pascal nicht gelesen und er liebte das arme menschliche Geschlecht von ganzen Herzen. Rechtschaffene Leute befanden sich sehr wohl dabey: Sie hatten sich in Persien allezeit von den Gesandten des Herren entfernt gehalten, aber jetzt machten sie keine Schwierigkeit sich mit dem Candide in nähern Umgang einzulaßen und ihm mit ihrem Rath beyzustehen. Er machte die weisesten Anordnungen zur Ermunterung des Ackerbaus, der Bevölkerung, des Handels und der Künste. Er belohnete die, welche nützliche Versuche angestellet und lobte diejenigen, welche nur Bücher geschrieben hatten. Wenn man in meiner Provinz durchgängig zufrieden seyn wird, denn werde ich es vielleicht auch seyn, sagte er mit einer liebenswürdigen Redlichkeit. Candide kannte das menschliche Geschlecht nicht. Er sahe, daß er in aufrührischen Schandschriften gelästert, und in einer Schrift, welche man den Menschenfreund nennete, verläumdet wurde. Er sahe, daß er mit aller seiner Bemühung, die Menschen glücklich zu machen, nur undankbare gemacht hatte. Ach! rief Candide, wie viel Mühe und Arbeit braucht es doch,

Die beste Welt: 23

ie Dinger ohne Federn, welche auf der Erde wie die
pflanzen wachsen, zu regieren. Und warum bin ich nicht
och im Propontis in der Gesellschaft des Herrn Pan-
loß, der Mademoiselle Cunegunde, der Tochter des
abst Urban des X. die nur einen Hinterbacken hat,
es Bruder Giroflels und der außerordentlich geilen
aquette!

Das sechste Capitel.
Ergötzlichkeiten des Candide.

In der äußersten Bitterkeit seines Verdrusses schrieb
Candide einen sehr pathetischen Brief an den ehrwürdigen Ed=Ivan=Baal=Denk. Er schilderte
m den gegenwärtigen Zustand seiner Seele so nach-
rücklich ab, daß dieser dadurch gerühret wurde und
gar den Sophi dahin brachte, daß er dem Candide
ie Erlaubniß gab, seine Bedienungen niederzulegen.
Seine Majestät bewilligten ihm zur Belohnung sei-
er Dienste ein sehr ansehnliches Gnadengehalt. So
ald nun unser Philosoph die Last der höchsten Wür-
en abgeworfen hatte, so suchte er, in den Ergötzlich-
eiten des Privatlebens, die beste Welt des Pangloß.
Bisher hatte er für andere Menschen gelebet. Er
hien es vergessen zu haben, daß er ein Serrail hatte.
Nunmehro dachte er daran mit einer Bewegung des
Gemüths, die dieser Name allein verursachen kan. Hal-
et alles fertig, sagte er zu seinem ersten Beschnittenen,
u meinem Einzuge ins Serrail! Herr! antwortete der
Mann mit der hellen Stime, nun verdienen Ew. Excellenz

B 4

lenz allererst den Beynamen des Weisen. Die Männern für die so viel gethan haben, waren ihrer Bemühungen nicht werth: aber das weibliche Geschlecht ⸱ ⸱ ⸱ das kann wohl seyn, antwortete Candide mit Bescheidenheit.

Tief in einem Garten, wo die Kunst der Natur zu Hülfe kam und ihre Schönheiten entwickelte, befand sich ein kleines Haus. Die Architectur daran war einfältig und zierlich und unterscheidete sich dadurch allein von denen Häusern, welche man in den Vorstädten der schönsten Stadt in Europa antrift. Candide konnte sich, ohne zu erröthen, diesem Orte nicht nähern. Die Luft verbreitete um diese allerliebste Gegend einen köstlichen Geruch. Die in einander geflochtenen Blumen schienen verliebt und von dem Triebe zur Wollust geleitet zu seyn. Hier behielten sie ihre unterschiedene Annehmlichkeiten sehr lange; Die Rose verlohr hier niemals ihre Pracht. Der Anblick eines Felsen von dem sich das Wasser mit einem sachten Geräusch herunter stürzte, ladete die Seele zu derjenigen süßen Melancholie ein, welche vor dem Genuß der Wollust sich zu äußern pfleget. Candide trat mit Zittern in einen Saal wo Geschmack und Pracht regierten. Seine Sinne waren ganz bezaubert. Er wirft die Augen auf einen jungen Telemach, der mitten unter den Nymphen des Hofes der Calypso in diesem Bilde zu leben scheinet: von da wendet er die Augen auf eine halb nackende Diane welche sich dem zärtlichen Endymion in die Arme wirft. Seine Verwirrung vermehrt sich bey dem Anblick einer Venus, die nach der italiänischen Venus treulich copiret war. Plötzlich wurden seine Ohren von einer göttlichen Harmonie gerühret. Ein Haufen junger Schönen aus Georgien erschien darauf: sie waren mit ihren Schleyern
bede-

gebecket. Sie tanzten um ihn ein Ballet, welches anmuthig figurirt und der Natur der gegenwärtigen Dinge gemäßer war, als die kleinen Ballets der Sibariten, welche man auf den kleinen Schauplätzen nach dem Tode des Cäsars und des Pompejus aufzuführen pfleget.

Bey einem verabredeten Zeichen fielen die Schleyer herunter. Physionomien voller Ausdruck, erneuerten die Hitze dieser Ergötzlichkeiten. Diese Schönen bemühen sich nach der Kunst, verführerisch schlüpfrige Stellungen anzunehmen und doch scheint es, als wenn die Kunst daran gar keinen Theil hätte. Die eine verkündiget mit ihren Blicken nichts als eine Leidenschaft, die gar keine Gränzen hat: die andere eine zärtliche Sehnsucht, welche die Wollust erwartet, ohne sie zu suchen: die eine hier bückt sich und hebt sich plötzlich wieder, um bezaubernde Reitze sehen zu lassen, welche das schöne Geschlecht zu Paris in das helleste Licht zu setzen pfleget: eine andere öfnet ihren langen Rock nur ein Bein zu zeigen, welches allein hinreichend ist, einen zur Zärtlichkeit geneigten Sterblichen verliebt zu machen. Der Tanz höret auf und alle Schönen bleiben unbeweglich stehen.

Die Stille bringt den Candide wieder zu sich selbst: die Wuth der Liebe bemächtigt sich seines Herzens. Er schicket seine gierige Blicke überall herum: bald küßt er brennende Lippen, bald feuchte Augen: mit der Hand berührt er Brüste die weisser sind als Alabaster: ihre schleunige Bewegung stößt die Hand zurück: er bewundert daran die schöne Proportion: er betrachtet daran die kleinen rosenrothe, den Rosenknospen ähnliche Knöpfe, welche bereit sind aufzublühen und dazu nur die wohlthätigen Strahlen

B 5 der

der Sonne erwarten. Er küsset sie voller Entzückung und kann sie nicht genug küssen.

Unser Philosoph bewundert noch einige Zeit bald eine majestätische bald eine feine und reizende Gestalt des Leibes. Von Begierden verzehret wirft er endlich einer jungen Person das Schnupftuch zu, von der er gemerket, daß sie ihre Augen beständig auf ihn gerichtet hatte, und die ihm zu sagen schien: Lehren Sie mich doch die Ursach einer Verwirrung, davon ich bisher nichts gewust habe; die da erröthete indem sie ihm dieses sagen wolte, und die badurch tausendmal schöner wurde. Der Verschnittene öfnete also bald ein kleines den Geheimnissen der Liebe geheiligtes Zimmer; unsere Verliebten traten herein und der Verschnittene sagte zu seinem Herrn. An diesem Orte werden Sie ihr Glück machen. O! ich hoffe es ja wohl, antwortete Candide.

Die Decke und die Wände dieses kleinen Zimmers waren mit Spiegeln bedeckt, in der Mitte stand ein mit schwarzen Atlas überzogenes Ruhebette. Candide warf die junge Georgianerin darauf nieder: mit einer unglaublichen Geschwindigkeit kleidete er sie aus. Dieß liebenswürdige Kind ließ ihn machen, und hinderte ihm nicht, als nur wenn sie ihm feuerreiche Küsse geben wollte. Herr! sagte sie zu ihm auf gut türkisch, wie höchst glücklich ist ihre Sclavin! Ihre Entzückungen bringen mir die größte Ehre! Alle Sprachen schildern die Energie der Empfindung in dem Munde dererjenigen, die davon ganz voll sind. Diese wenigen Worte bezauberten unsern Philosophen: er kannte sich nicht mehr: alles was er sahe, war ihm fremde. Welch ein Unterschied zwischen einer Mademoisell Cunegunde die von Bulgarischen

Die beste Welt.

Helden entführet und genothzüchtiget worden, und einer Georgianerin, die noch niemals war genothzüchtiget worden! Dieß war zum erstenmale, daß der weise Candide die Liebe genoß. Alles, was er mit geitzigen Augen sahe, stelleten ihm die Spiegel aufs neue vor: er mochte die Augen wenden, wohin er wolte, so sahe er auf dem schwarzen Atlaß den schönsten, den weißesten unter allen möglichen Körpern, und der Contrast der Farben vermehrte den Glanz dieses Körpers aufs neue. Runde, harte, fleischigte, dicke Beine, ein bewundernswürdiger Abschuß der Lenden; eine : : : ich bin der ungegründeten Zärtlichkeit unserer Sprache eine Achtung schuldig. Mir ist es genug, zu sagen, daß unser Philosoph zu wiederholten malen den Theil des Glückes, welchen er genüßen konnte, genossen hat, und daß die junge Georgianerin in kurzer Zeit sein zureichender Grund geworden ist.

O mein Lehrer! mein theurer Lehrer! rief Candide, ganz außer sich: hier ist alles so gut wie in Eldorado: ein schönes Frauenzimmer kann allein die Begierden eines Mannes sättigen. Ich bin so glücklich, als man es seyn kann. Leibnitz hat Recht und Sie sind ein großer Philosoph. Zum Exempel, ich wette daß Sie allezeit eine Neigung zu der Lehre von der besten Welt gehabt haben, mein liebenswürdiger Engel, weil Sie allezeit glücklich gewesen sind. Ach! nein! antwortete das liebe Kind und ich weiß nicht, was das sagen will, die beste Welt: vielmehr schwöre ich es ihnen, daß ihre Sclavin das Glück erst heute hat kennen lernen. Wenn es mein gnädiger Herr erlauben wollen, so will ich dieselben durch eine kurze Erzählung meiner Abendtheuer hiervon über-

zeu-

zeugen. Ich lasse es mir sehr wohl gefallen, sagte Candide: ich befinde mich in einer ganz ruhigen Gemüthsverfassung, daß ich wohl Geschichte erzählen hören kann. Darauf nahm die schöne Sclavin das Wort und erzählte folgende Begebenheiten.

Das siebente Capitel.
Die Geschichte der Zirza.

Mein Vater war ein Christ und ich bin auch eine Christin, wie man mir gesagt hat. Er hatte eine kleine Einsiedeley bey Cotatis. Hier lebte er und durch seine innbrünstige Andacht und eine Strenge, worüber die Natur erschrickt, erwarb er sich die Ehrfurcht der Gläubigen. Die Frauen kamen haufenweise um ihm ihre Ehrerbietigkeit zu bezeigen und fanden daran ein besonderes Vergnügen sein Hintergebäude zu waschen, welches er täglich mit der Zuchtruthe erbärmlich zerpeitschte. Vermuthlich habe ich einer der allerandächtigsten mein Leben zu verdanken. Ich wurde in einer Höle, welche an die Hütte meines Vaters anstieß, erzogen. Ich hatte mein zwölftes Jahr erreichet und war noch niemals aus dieser Art von Grabe herausgekommen, als die Erde mit einem erschröcklichem Getöse, bebete. Das Gewölbe der Höle fiel über einander, und man zog mich unter den Trümmern desselben hervor. Ich war halb todt, als das Licht meine Augen zum erstenmal berührete. Mein Vater zog mich wieder in seine Einsiedeley als ein prädestinirtes Kind. Dem Volke schien bey dieser Begebenheit alles außerorʒentlich: mein Vater schriee Wunder! Wunder! und das Volk auch.

Man nennte mich Zirza, das heißt in Persischer Sprache, ein Kind der Vorsehung. Meine schwachen Reitze kamen sehr bald in Betrachtung. Das Frauenzimmer kam bereits viel sparsamer nach der Einsiedeley, und die Männer in desto grösserer Anzahl. Einer von diesen, sagte mir, daß er mich lieb hätte. Bösewicht! sagte mein Vater, hast du denn das Vermögen dazu, sie zu lieben. Sie ist ein theures Pfand des Himmels, welches mir GOtt anvertrauet hat: Er ist mir in dieser Nacht unter der Gestalt eines ehrwürdigen Einsiedelers erschienen und hat mir verbothen, sie unter einer Summe von tausend Zechinen nicht von mir zu lassen. Entferne dich du elender Bettler und scheue dich mit deinem unreinen Athem ihre Schönheit zu beflecken. Ich habe nichts als ein gutes Herz, antwortete er, aber Barbar! erröthest du denn nicht mit der Gottheit zur Befriedigung deines Geitzes Spott zu treiben? Mit welcher unverschämten Stirn, kannst du elendes Geschöpf es wagen, zu behaupten, daß GOtt mit dir geredet hat? das heißt den Urheber aller Wesen erniedrigen, wenn man ihn vorstellet, als wenn er mit solchen Menschen, wie du bist, einen Umgang hätte. Gotteslästerung! schriee mein Vater voller Wuth. GOtt selbst hat es befohlen die Gotteslästerer zu steinigen. Bey diesen Worten ermordete er meinen unglücklichen Liebhaber und sein Blut sprützte mir ins Gesicht. Ob ich gleich von der Liebe nichts wuste: so hatte mich doch dieser Mann sehr eingenommen, und sein Tod stürzte mich in eine Betrübniß, deren Größe man daraus abnehmen kann, wenn

ich

ich sage, daß mir der Anblick meines Vaters unerträglich wurde. Ich entschloß mich ihn zu verlassen. Er merkte meinen Vorsatz. Undankbare! sprach er zu mir, ich bin der, dem du dein Leben zu verdanken hast. Du bist meine Tochter .... und du hassest mich? Aber ich will mir deinen Haß durch die allerhärtesten Begegnungen verdienen. Er hielt mir sein Wort nur allzu gut, der Grausame! In der Zeit von fünf Jahren, welche ich unter Thränen und Seufzern hinbrachte, könnten weder meine Jugend, noch der Verfall meiner Schönheit, seinen heftigen Zorn schwächen: bald stieß er mir einige tausend Nadeln in alle Theile des Körpers hinein, bald züchtigte er meinen Hintern, so lange bis das Blut heraus lief. Das that ihnen so viel Schaden nicht, als die Nadeln, sagte Candide. Das ist wahr, gnädiger Herr, sagte Zirza. Endlich, fuhr sie fort, lief ich aus dem Hause meines Vaters weg, und da ich es nicht wagen durfte, mich jemand zu vertrauen, so gieng ich in die dicksten Wälder tief hinein. Drey Tage blieb ich darinn ohne zu Essen, und ich würde vor Hunger umgekommen seyn, ohne den Beystand eines Tygers dem ich das Glück hatte zu gefallen, und der so großmüthig war seinen Raub mit mir zu theilen. Aber ich habe auch von diesem fürchterlichen Thiere Abscheulichkeiten genug ausstehen müssen, und es fehlete nicht viel daran, so hätte das Scheusal mir die Blume geraubet, welche mein gnädigster Herr mit so vieler Mühe und Vergnügen mir abgenommen haben. Von der schlechten Nahrung bekam ich den Schaarbock. Kaum war ich von dieser Krankheit genesen, so entschloß ich mich mit einem Sclavenhändler nach Teflis zu gehen. Die Pest gras-

raffirte daselbst, und ich bekam die Pest. Alle diese verschiedene Unglücksfälle haben doch meine Rei-
ungen nicht so gar zu Grunde gerichtet, daß der
Bediente des Sophi, welcher den Einkauf schöner
Frauenzimmer besorget, sich hätte abhalten laßen,
mich zu dero Gebrauch zu kaufen. In der Zeit von
drey Monathen die ich in der Gesellschaft ihres Frauen-
zimmers zugebracht habe, bin ich unter viel Thränen
ganz kraftlos geworden. Ich und meine Gespielinnen
glaubten, wir würden von ihnen verschmähet: und
wenn Sie es wüsten, gnädiger Herr wie sehr die
Verschnittenen einem zuwieder und wie wenig diese
Leute geschickt sind junge Mägdchen, die man verachtet, zu trösten. * * * Mit einem Worte, ich bin
noch nicht achtzehen Jahr alt und habe davon zwölf
in einem abscheulichen Mordloche hingebracht: ich
habe ein Erdbeben ausgestanden: ich bin von dem
Blute des ersten liebenswürdigen Mannes, den ich
bis dahin noch gekannt hatte, besprützet worden: ich
habe vier Jahre hindurch die grausamsten Martern
erduldet: ich habe an dem Schaarbock und der Pest
krank gelegen. Von brünstigen Begierden verzehret mitten unter einem Haufen schwarzer und weißer
Ungeheuer, behielt ich allezeit dasjenige, was ich
vor der Wuth eines ungeschickten Tygerthiers bewahret hatte, fluchte auf mein Schicksal und führete
in diesem Serail ein elendes Leben, ja ich würde an
der gelben Sucht gestorben seyn, wenn mich Ew.
Excellenz nicht endlich ihrer Umarmungen gewürdi-
get hätten. Himmel! rief Candide, ist es möglich,
daß Sie in einem so zarten Alter, dergleichen em-
pfindliche Unglücksfälle haben ausstehen müssen? Was
würde Pangloß sagen, wenn er ihr Schicksal hören
solte?

solte? Aber ihr Elend ist nunmehro überstanden, so wohl wie das Meinige. Es gehet alles so gar übel nicht: ist es nicht wahr? Indem er das sagte, fing Candide wieder an seine Schöne zu umarmen und wurde in dem System des Pangloß mehr und mehr bekräftiget.

Das achte Capitel.

Candide wird auch dieser Lebensart überdrüßig. Er trift jemanden an, den er gar nicht vermuthet hatte.

So lebte unser Philosoph in seinem Serail und an seiner Gunst hatte ein jedes Frauenzimmer einen gleichen Antheil: er schmeckte das Vergnügen der Unbeständigkeit und kehrete zu dem Kinde der Vorsehung allemahl mit neuer Inbrunst zurück. Das dauerte aber nicht lange. Er empfand gar bald heftige Lendenschmerzen und ein starkes Reissen im Leibe: da er nun anfieng glücklich zu werden, verdrocknete er wie ein Stock. Da schien ihm der Busen der Zirza nicht mehr so weiß und so vortreflich gebildet zu seyn: ihre Lenden kamen ihm weder so derb noch so fleischicht vor, ihre Augen verlohren in dem Augen des Candide alle Lebhaftigkeit, ihre Schönheit, ihre Haut, ihre Lippen, ihre rothe Farbe des Gesichts, welche ihn sonst bezaubert hatten; rühreten ihn nicht mehr. Er merkte daß sie einen schlechten Gang und einen üblen Geruch an sich hatte: er sahe mit dem allergrößten Ekel einen Flecken

Die beste Welt.

ken auf dem Venushügel, der ihm doch niemals fle-
kigt vorgekommen war. Alle zärtliche Bemühungen der Zirza waren ihm zur Last. Er bemerkte mit
kaltem Blute, an seinen übrigen Schönen, Fehler,
welche ihm in der ersten Hitze seiner Leidenschaft entwi-
schet waren; er sahe an ihnen nichts als eine schänd-
liche Geilheit und schämte sich daß er den Fußstapfen
des weisesten unter den Menschen nachgefolget war,
& inuenit amariorem morte mulierem.

In diesen christlichen Gesinnungen blieb Candide
und weil er nichts zu thun hatte, spazirete er in den
Strassen der Stadt herum. Plötzlich fällt ihm eine
prächtig gekleidete Standesperson um den Hals und
nennet ihn bey seinem Namen. Ist es wohl möglich,
rief Candide, mein Herr, sind Sie nicht = = = Das
ist nicht möglich. Inzwischen haben Sie so viel Aehnlichkeit mit = = Mein Herr Abt Perigourdin. Ich
bin es selbst, antwortete Perigourdin. Darauf trat
Candide drey Schritt zurück und sagte offenherzig:
Gehet es ihnen denn wohl, mein Herr Abt? das ist
eine wunderbare Frage, erwiederte Perigourdin:
die kleine List, die ich ihnen gespielet habe, hat nicht
wenig zu meinem Glück beygetragen. Die Policey
hat mich eine zeitlang gebrauchet: weil ich mich aber
mit ihr überworfen hatte, so habe ich die geistliche
Tracht abgeleget, weil sie mir doch zu nichts mehr
helfen konnte. Darauf bin ich nach Engelland gegangen, wo man solche Leute, wie ich bin, besser bezah-
let. Ich habe alles gesagt was ich wußte und was ich
nicht wußte, von der Stärke und von der Schwäche
des Landes, welches ich verlassen hatte. Besonders
habe ich fest behauptet, daß die französische Nation
die elendeste unter allen Nationen wäre und daß die

gesun-

gesunde Vernunft nirgends als zu London ihren Sitz hätte. Mit einem Worte, ich habe ein sehr glänzendes Glück gemacht und ich komme hieher um mit dem Persischen Hofe in eine Unterhandlung zu treten: der Zweck derselben ist die Ausrottung aller Europäer, welche aus den Staaten des Sophi, zum Nachtheil der Engelländer, Baumwolle und Seide holen wollen. Die Absicht ihrer Gesandtschaft ist sehr lobenswürdig sagte unser Philosoph: aber, mein Herr Abt, Sie sind ein Betrüger: ich kann die Betrüger nicht ausstehen und ich gelte etwas bey Hofe. Zittern Sie also, ihr Glück hat seine Endschaft erreichet: Sie sollen nun den Lohn ihrer Handlungen empfangen. Gnädigster Herr Candide, rief Perigourdin und fiel auf seine Knie nieder, erbarmen Sie sich meiner, ich merke es daß eine unwiederstehliche Kraft mich zur Bosheit treibet, so wie Sie bey sich empfinden daß Sie nothwendig die Tugend ausüben müssen: ich habe diese bejammernswürdige Neigung von dem Augenblick an bey mir gemerket, als ich mit dem Herrn Valsp Bekanntschaft gemachet und an den Blättern gearbeitet habe. Was sind das für Blätter (*) sagte Candide? Es sind Hefte von zwey und siebenzig Seiten, gedruckt, darinn man das Publicum im To-

---

(*) Das ist eins von den dreißig bis vierzig Journalen, welche zu Paris gedrucket werden. Es ist nur in Frankreich bekannt, wo es von dem Pöbel aus allen Ständen stark genug gelesen wird. Uebrigens muß man diese Schriften von zwey und siebenzig Seiten, nicht mit andern Schriften von zwey und und siebenzig Seiten, deren Verfasser seine eigene Ehre beobachtet und welche von den Philosophen sehr hoch gehalten werden, verwechseln. Diese Anmerkung ist von dem Herrn Doctor Ralph.

one der Verläumbung, der Satyre und der Grob̄=
it unterhält. Es ist ein ehrlicher Mann der lesen
ṅd schreiben kann, der aber nicht so lange ein Jesuit
ṡeiben konnte, als er es wohl gewünschet hätte, wel=
er sich es hat einkommen lassen, dieses artige kleine
üchelchen zu verfertigen um damit etwas zu verdie=
n, wovon er seiner Frau Kannten kaufen und seine
ïnder in der Furcht des HErrn erziehen kann: es
ebt einige ehrliche Leute welche vor etliche Groschen
ṅd etliche Maas Champagnerwein diesen ehrlichen
Ȧann bey der Ausführung seiner Unternehmung un=
ṙstützen. Dieser Herr Valsp gehöret noch zu einer
erliebsten lustigen Gesellschaft in der man sich ein
ḃergnügen daraus macht, wenn man einige betrun=
ne Menschen dahin bringen kann, daß sie sagen, es
ṡ kein GOtt, wenn man einen armen Teufel vollends
ȧfzehren hilft, ihm sein Hausgeräth in Stücken
ṡlägt und denn beym Nachtisch zum Zweykampf
rausfordert. Ein artiger Spaß: den diese Her=
n eine Mistification nennen, der aber alle Aufmerk=
ṁkeit der Policey verdienet. Endlich so ist dieser
ṅndehrliche Mann, der Herr Valsp, welcher sagt
ṡey nicht auf den Galeeren gewesen, in eine starke
Ṡchlafsucht verfallen, welche ihn gegen die härtesten
ẇahrheiten unempfindlich macht: man kann ihn da=
ṙus gar nicht ermuntern, als durch gewisse heftige
ïttel, welchen er sich aber, mit einer Gelassenheit
ḋ einem Heldenmuth, der sich gar nicht mit Wor=
ṫ ausssprechen läßet, zu unterwerfen pfleget. Ich
ḃe einige Zeit unter dieser berühmten Feder gearbei=
: endlich hat mich die Reihe getroffen und ich bin
ċh eine berühmte Feder geworden. Ich hatte mich
mals von dem Herrn Valsp wegbegeben und wolte

C 2 für

für mich selbst leben, als ich die Ehre hatte, Ihnen in Paris meine Aufwartung zu machen. Sie sind ein Erzbetrüger, mein Herr Abt, aber ihre Aufrichtigkeit bringt mich zum Mitleiden. Gehen Sie nach Hofe: fragen Sie nach dem Hochwürdigen Ed: Ivan-Baal-Denk: ich werde in meinen Briefen ihre Sache ihm bestens empfehlen, jedoch mit der Bedingung, daß Sie mir versprechen, Sie wollen ein ehrlicher Mann werden und daß Sie nicht wollen einige tausend Menschen um Seide und Baumwolle ums Leben bringen lassen. Perigourdin versprach alles was Candide von ihm verlangte. Sie gingen von einander und waren so ziemlich gute Freunde geworden.

Das neunte Capitel.

Der Fall des Candide. Seine Reysen und Abentheuer.

Perigourdin war nicht so bald bey Hofe angelanget, als er alle seine Verschlagenheit anwendete, um die Ministers zu gewinnen und seinen Wohlthäter zu stürzen. Er breitete das Gerücht aus, Candide sey ein Verräther und habe von dem geheiligten Knebelbart des Königs aller Könige übel gesprochen. Der ganze Hof sprach ihm das Urtheil, daß er bey langsamen Feuer sollte verbrannt werden: aber der Sophi war viel gnädiger und verdammte ihn nur dahin, daß er auf ewig die Persischen Gränzen meiden solte, wenn er vorher, dem Landesgebrauch nach, seinem Ankläger die Fußsolen geküsset haben würde. Perigourdin
brach

rach also auf und wolte dieses Urtheil vollziehen las-
en: er traf unsern Philosophen bey ziemlichen Wohl-
eyn an: es schien, als wolte er anfangen wieder
lücklich zu werden. Es thut mir herzlich leid, mein
Freund! sagte der Großbothschafter von Engelland
u ihm, daß ich hieher kommen und ihnen sagen muß,
aß Sie sich mit möglichster Geschwindigkeit aus die-
em Reiche fortmachen, mir aber vorher, mit einer
vahrhaftigen Bereuung ihrer abscheulichen Uebelta-
en, die Füße küssen sollen. = = = Ihnen die Füße
üssen, mein Herr Abt? in der That, Sie besinnen
ich nicht: ich begreife nicht was Sie mit dem Spaße
agen wollen. Darauf traten einige Stummen,
velche dem Perigourdin nachgefolget waren, herein,
ind zogen ihm die Unterkleider aus. Man deutete
em Candide an, daß er sich zu dieser Erniedrigung
equemen oder gewärtigen müste, gespiesset zu werden.
In der Kraft seines freyen Willens küssete also Can-
ide dem Herrn Abt die Füße. Man gab ihm einen
chlechten linnenen Rock zur Bekleidung und der Büt-
el jagte ihn zur Stadt heraus und rief laut. Das
st ein Verräther! Er hat von dem Knebelbart des
Sophi Uebels gesprochen. Er hat Uebels gesprochen
von dem Kayserlichen Knebelbart.

Was machte denn aber der dienstfertige Ordensmann, während der Zeit man so übel mit seinem Clien-
en umgieng? Davon weiß ich nichts. Es ist zu
lauben, daß er müde geworden war, den Candide
änger zu beschützen. Wer kann wohl auf die Gunst
er Könige, und insbesondere auf die Gunst der
Mönche, sichre Rechnung machen.

Inzwischen setzte unser Held seine Reyse mit Be-
rübniß fort. Ich habe, sagte er zu sich selbst, von
dem

dem Knebelbarte des Königs von Persien niemals gesprochen. In einem Augenblick falle ich von dem Gipfel der Glückseeligkeit, in einen Abgrund von Unglück und das darum, weil ein nichtswürdiger Mensch, der alle Gesetze übertreten hat, mich eines vorgeblichen Lasters beschuldiget, welches ich niemals begangen habe, und dieser Elende, dieß Ungeheuer, dieser Verfolger der Tugend ⁚ ⁚ dem geht es wohl.

Nachdem Candide einige Tage hindurch gewandert hatte, erreichte er die Gränzen der Türkey. Er richtete seine Schritte auf den Propontis zu, in der Absicht daselbst seine Wohnung aufzuschlagen und seine übrige Tage mit der Bearbeitung seines Gartens zuzubringen. Als er nun durch ein kleines Städtchen gieng, sahe er daß viele Leute voller Unruhe waren und zusammen liefen. Er erkundigte sich nach der Ursach und nach der Wirkung. Es ist ein ganz sonderbarer Vorfall, sagte ein alter Greis zu ihm. Vor einiger Zeit heirathete der reiche Mehemet, die Tochter des Janitscharen Zamoud: er fand, daß sie keine Jungfer war und nach einem ganz natürlichen und von den Gesetzen bestätigten Grundsatz schickte er das Mägdchen ihrem Vater ins Haus zurück, nachdem er ihr vorher das Gesicht zerkratzet hatte. Zamoud, den dieser Schimpf in die äuserste Wuth brachte, hieb in der ersten ganz natürlichen Hitze seines Zorns das verstellete Gesiche seiner Tochter mit einem Säbel vom Rumpfe herunter. Sein ältester Sohn welcher seine Schwester inbrünstig liebte und das ist gut in der Natur, springt auf den Vater loß und in dem allerheftigsten Zorn stößt er ihm ganz natürlich einen sehr spitzigen Dolch in den Unterleib. Nunmehro läuft der wüthende Zamoud, gleich einem
Löwen

Die beste Welt. 39

Löwen deſſen Grimm wächſet, wenn er ſein Blut
ſlieſſen ſiehet, zu dem Mehemed: er hat einige Sclaven, die ihm auf dem Wege ſich wiederſetzen wolten,
niedergemacht, er hat den Mehemet, ſeine Weiber
und zwey Kinder in der Wiegen niedergeſäbelt, welches, wenn man die Heftigkeit ſeines Zornes in Er-
wägung ziehet, ganz natürlich iſt. Endlich und zuletzt hat er ſich mit demſelbigen, von dem Blute ſeines Vaters und ſeiner Feinde rauchendem Dolche
ums Leben gebracht: welches ebenfalls ſehr natürlich
iſt. O! welche Abſcheulichkeiten, rief Candide.
Was würden Sie ſagen, mein Herr Pangloß,
wenn Sie dergleichen barbariſche Handlungen in der
Natur antreffen ſolten? würden Sie nicht geſtehen
müſſen, daß die Natur verdorben iſt, daß alles
nicht = = = Nein, ſagte der Greis, denn die vor-
herbeſtimmte Harmonie = = = O Himmel! betrüge
ich mich nicht? Sehe ich nicht den Pangloß wieder?
ſagte Candide. Ich bin es ſelbſt, antwortete der
Greis. Ich habe Sie wohl gekannt, ich habe aber
vorher, ehe ich mich entdeckte, ihre Geſinnungen
erforſchen wollen. Nun wohlan! wir wollen etwas
plaudern mit einander von den zufälligen Wirkungen
und wollen ſehen ob Sie in den Lehren der Weißheit
weiter gekommen ſind. = = = Ach leider! gab Candide zur Antwort: Sie fragen mich darnach ſehr zur
Unzeit! ſagen Sie mir lieber, wo Mademoiſell Cunegunde hingerathen iſt, wo der Bruder Giroffel,
die Paquette und die Tochter des Pabſt Urbans ſich
befinden. Ich weis nichts von ihnen, ſagte Pangloß: vor zwey Jahren habe ich unſere Wohnung
verlaßen, in der Abſicht Sie zu ſuchen. Ich habe
faſt die ganze Türkey durchgeſtrichen. Jetzt war ich

C 4   im

im Begrif den persischen Hof zu besuchen, weil ich gehöret, daß Sie daselbst herrlich und in Freuden lebten. In diesem kleinen Städtchen habe ich mich bey diesen guten Leuten nur deßwegen etwas aufgehalten, weil ich zur desto munterern Fortsetzung meiner Reyse einige Kräfte sammlen wolte. Was sehe ich da? erwiederte Candide voller Erstaunen. Es fehlet ihnen ja ein Arm, mein allerliebster Lehrer. Das hat nichts zu bedeuten, gab der einäugige und einarmigte Lehrer zur Antwort. Es ist in der besten Welt nichts so gewöhnlich, als daß man Leute siehet, die nur ein Auge und einen Arm haben. Dieser Zufall ist mir auf einer Reyse nach Mecca begegnet. Unsere Caravane wurde von einem Haufen arabischer Räuber angegriffen: unsere Bedeckung wolte sich zur Wehr setzen; und nach den Gesetzen des Krieges hieben die Araber, welche die stärksten waren, uns alle ohne Barmherzigkeit nieder. Bey dieser Gelegenheit sind so ohngefähr fünf hundert Menschen, unter welchen sich ein Dutzend schwangere Weiber befanden, ums Leben gekommen. Was mich betrift, so hatte ich nur einen Hieb in den Hirnschädel und der eine Arm war nur weggehauen: ich bin davon nicht gestorben und habe immer gefunden, daß alles aufs beste eingerichtet ist. Aber mein lieber Herr Candide, wie kommts denn, daß Sie ein hölzern Bein haben? darauf nahm Candide das Wort und erzählete seine Abentheuer. Unsere Philosophen kehreten mit einander nach Propontis zurück und waren unterwegens recht sehr vergnügt, denn sie redeten von dem physischen und moralischen Uebel, von der Freyheit und der Prädestination, von den Monaden und der vorherbestimmten Harmonie.

Das

Das zehnte Capitel.

Die Ankunft des Candide und des Pangloß in Propontis, was sie daselbst gesehen haben und was aus ihnen geworden ist.

O Candide! sagte Pangloß, warum sind Sie doch verdrüßlich geworden und haben aufgehöret ihren Garten zu bearbeiten? warum haben wir doch nicht immer eingemachte süße Citronen und Pistacien gegessen? warum sind sie ihres Glückes überdrüßig geworden? Weil doch alles in der besten Welt nothwendig ist, so musten Sie in der Gegenwart des Königs von Persien die Prügel ausstehen: es muste ihnen ihr Bein abgeschnitten werden, auf daß das Land Chusistan glücklich würde, Sie die Undankbarkeit der Menschen erfahren und einige Bösewichter die Züchtigungen, welche sie so wohl verdienet hatten, sich über den Hals ziehen möchten. Indem sie so redeten, kamen sie bey ihrer alten Wohnung an. Die ersten Gegenstände, welche sich ihren Augen darstelleten, waren Martin und die Paquette in Sclavenkleidern. Woher rühret denn diese Verwandlung, sagte Candide zu ihnen, nachdem er sie zärtlich umarmet hatte. Ach! gaben sie mit Seufzen zur Antwort, Sie haben hier keine Wohnung mehr: ein anderer hat sich die Mühe gegeben ihren Garten bearbeiten zu laßen: er isset ihre eingemachte süsse Citronen und ihre Pistacien und uns hält er, als wenn wir schwarze Sclaven wären. Wer ist denn dieser andere, sagte Candide: Es ist, sagten sie, der Groß-Admiral, ein Mensch der unter allen Menschen die wenigste Menschlichkeit besitzet. Der Sultan wolte seine Verdienste belohnen, ohne daß es seiner Hoheit etwas kosten solte und hat daher alle ihre Güter eingezogen, unter dem Vorwande, Sie wären zu seinen Feinden übergelaufen und uns hat er zur Sclaverey verdammet. Glauben Sie mir, fügte Martin hinzu, und setzen Sie ihren Stab weiter mein lieber Candide. Ich habe es ihnen immer gesagt: es gehet in der Welt so schlecht, als es nur gehen kann: die Summe des Bösen ist viel, viel größer, als die Summe des Guten. Reysen Sie in Gottes Namen und ich verzweifle nicht daran, daß Sie noch ein Manichäer werden, wo Sie nicht bereits einer sind. Pangloß wolte einen förmlichen Vernunftschluß, anfangen, aber Candide fiel ihm ins Wort und fragte nach Neuigkeiten von der Cunegunde, der Alten, dem Bruder Giroffel und dem Cacambo. Cacambo, gab Martin zur Antwort, ist gegenwärtig beschäftigt einen Canal rein zu machen. Die Alte ist gestorben von einem Stoß mit dem Fuß auf die Brust, welchen ihr ein Verschnittener gegeben hat. Der Bruder Giroffel ist unter die Janitscharen gegangen: Mademoiselle Cunegunde ist wieder dick und fett und so schön, wie sie vormals gewesen ist: sie befindet sich in dem Serail unsers Herrn. Welch eine Kette von Unglücksfällen. Mußte denn die Mademoisell Cunegunde ihre Schönheit wieder erhalten, um mich zum Hahnrey zu machen! daran liegt ja nichts, sagte Pangloß, Mademoisell Cunegunde mag häßlich oder schön seyn, sie mag sich in Candidens oder in eines andern Armen befinden: das macht nichts

im

n ganzen System: ich vor mein Theil wünsche ihr
ne zahlreiche Nachkommenschaft. Die Philoso=
hen bekümmern sich darum nicht, mit wem die
Frauen Kinder zeugen, wenn sie nur welche zeugen.
Die Bevölkerung = = = leider! sagte Martin, die
Philosophen sollten sich vielmehr darum bekümmern
wie sie einige einzelne Personen glücklich machen wol=
en, als daß sie selbige ermuntern das im Elend le=
sende menschliche Geschlecht zu vermehren. Wäh=
render Zeit sie redeten, ließ sich ein grosses Lärmen
hören. Es war der Großadmiral welcher, zu sei=
nem Vergnügen, einem Dutzend Sclaven den
Hintern mit Ruthen streichen ließ. Pangloß und
Candide erschraken darüber, entferneten sich von
ihren Freunden mit thränenden Augen und nahmen
in größter Geschwindigkeit ihren Weg auf Constan=
tinopel.

Hier fanden sie alles in größester Unruhe. Die
Vorstadt Pera stand im Feuer: fünf bis sechs hun=
dert Häuser waren bereits von der Flamme verzehret
und zwey bis drey tausend Menschen hatten im Feuer
ihr Leben verlohren. Welch ein abscheuliches Un=
glück, rief Candide! Alles ist gut, sagte Pangloß:
dergleichen kleine Vorfälle tragen sich alle Jahr zu.
Es ist ganz natürlich, daß hölzerne Häuser in Brand
gerathen, und daß die Menschen, welche sich darinn
befinden, verbrannt werden. Ueber das bekommen
einige ehrliche Leute, die sonst nichts zu leben haben,
dadurch ihre Nahrung. Was höre ich da, sagte
ein Bedienter der hohen Pforte. Was, Unglück=
seeliger, du unterstehst dich zu sagen, daß alles gut
ist, da halb Constantinopel im Feuer aufgehet. Fort!
du von dem Propheten verfluchter Hund, fort! du
solst

sollst die Strafe deiner Verwegenheit empfangen. Mit diesen Worten ergriff er den Pangloß beym Leibe und stieß ihn ins Feuer. Candide war halb todt und schlich sich, so gut er konnte, in eine benachbarte Gegend, wo alles ruhiger war, und wir werden in dem folgenden Capitel sehen, was aus ihm weiter geworden ist.

****

Das eilfte Capitel.

Candide setzet seine Reyse weiter fort und in welcher Gestalt er die Reyse fortsetzet.

Ich kann nun schon keine andere Partey ergreifen, sagte unser Philosoph, ich muß entweder ein Sclav, oder ein Türk werden. Nun hat mich das Glück auf ewig verlassen. Ein türkischer Bund würde mir alles mein Vergnügen stöhren. Ich merke es bey mir, ich kann ohnmöglich die Ruhe der Seelen schmecken, in einer Religion, die voller Betrügerey ist und welche ich aus einer schnöden Gewinnsucht ergriffen hätte. Nein! ich werde niemals vergnügt seyn, wenn ich aufhöre ein ehrlicher Mann zu seyn: ich will also ein Sclav werden. So bald dieser Entschluß gefaßt war, so bald war Candide auch bereit ihn auszuführen. Er erwählete sich einen armenischen Kaufmann zum Herrn. Dieser Mann hatte einen sehr guten Character: man glaubte von ihm, er sey tugendhaft, so tugendhaft als es ein Armenianer seyn kann. Er gab dem Candide zweyhundert Zechinen zum Preis für seine Freyheit. Der
Arme-

Armenianer stand im Begriff nach Norwegen zu reyſen: er nahm den Candide mit, in der Hofnung ein Philoſoph würde ihm bey ſeiner Handlung nützliche Dienſte leiſten können. Sie begaben ſich mit einander zu Schiffe und der Wind war ihnen ſo günſtig, daß ſie nur die Hälfte der Zeit, welche man ſonſt brauchet, zu dieſer Reyſe nöthig hatten. Sie hatten nicht einmal nöthig von den Lappländiſchen Zauberern Wind zu kaufen: das thaten ſie aber und gaben ihnen zum Ueberfluß eine Erkenntlichkeit, damit ſie ihr gutes Glück nur nicht ſtören möchten: denn ſie ſollen das bisweilen thun, wenn man dem Wörterbuch des Moreri Glauben beymeſſen darf.

So bald ſie ans Land getreten waren, verſahe ſich der Armenianer mit Fiſchthran und unſerm Philoſophen trug er auf im Lande herum zu reyſen und trockene Fiſche einzukaufen. Er richtete ſeine Geſchäfte aus, ſo gut es ihm immer möglich war. Er kam mit vielen Rennthieren, die mit dieſer Waare beladen waren zurück und machte tieffſinnige Betrachtungen, über den erſtaunlichen Unterſchied der ſich zwiſchen den Lappländern und den andern Nationen bemerken läßt. Eine ſehr kleine Lappländerin, deren Kopf ein klein wenig dicker als der Körper war, die rothe und feuerreiche Augen, eine breite Naſe und und einen Mund von der möglichſten Gröſſe hatte, wünſchte ihm mit einer unbeſchreiblichen Freundlichkeit, einen guten Morgen. Mein kleiner Herr, ſagte dieß einen Fuß zehn Zoll hohe Ding zu ihm, ich finde Sie ſehr liebenswürdig: ſeyn Sie ſo gütig und lieben mich doch ein wenig. Bey dieſen Worten fiel ſie ihm um den Hals. Candide ſtieß das Frauenzimmer mit Abſcheu zurück. Sie fängt ein lautes Geſchrey

schrey an: ihr Ehemann kommt herzu in der Begleitung von vielen andern Lappländern. Was hat das Lärmen hier zu bedeuten? sagten sie. Dieses, sagte das kleine Ding, daß dieser Fremdling ⸺ Ach! ich kann vor Schmerzen nicht reden: er verachtet mich. Ich verstehe es schon, sagte der Lappländische Ehemann, du grober, ungeschliffener, ehrvergessener, niederträchtiger, nichtswürdiger Schelm: du wilst meinem Hause Schande machen: du wilst mir den allerempfindlichsten Schimpf anthun: du schlägst es meiner Frau ab und wilst nicht bey ihr schlafen. Nun das ist wahr, das ist mir ein besonderer Auftritt, rief unser Held. Was würdest du denn gethan haben, wenn ich bey ihr geschlafen hätte? Ich hätte dir alles mögliche Wohlergehen angewünschet: sagte der Lappländer im Zorn: aber jetzt verdienest du meinen äußersten Unwillen. Mit diesen Worten machte er sich über den Candide her und zählete seinem Rücken eine tüchtige Tracht Prügel zu. Die Verwandten des beleidigten Ehemanns bemächtigten sich der Rennthiere, und Candide aus Furcht, es möchte ihm noch schlimmer gehen, sahe sich genöthigt die Flucht zu ergreifen und sich auf ewig von seinem gütigen Herrn zu entfernen: denn wie durfte er es wohl wagen, ihm ohne Geld, ohne Thran und ohne Rennthiere unter Augen zu treten?

Das zwölfte Capitel.

Candide setzt seine Reyse fort. Neue Abendtheuer.

Candide lief lange Zeit herum und wuste nicht, wohin er sich wenden solte. Endlich entschloß er sich nach Dännemark zu gehen. Er hatte gehöret, daß da alles ziemlich gut wäre. Er besaß einige Stücken Geld, die ihm der Armenianer zum Geschenk gegeben hatte. Mit diesem sehr geringen Vermögen hofte er doch, das Ende seiner Reyse zu sehen. Die Hofnung machte ihm sein Elend erträglich: und bisweilen hatte er doch noch einige gute Stunden. Eines Tages befand er sich in einem Wirthshause mit drey Reysenden, welche ihm mit Hitze von dem vollen Raume und von der subtilen Materie etwas vorredeten. Gut, sagte Candide bey sich, das sind Philosophen. Meine Herren, sagte er zu ihnen, daß alles voll sey, das ist unwiedersprechlich gewiß: es giebt in der Natur keinen leeren Raum, und die subtile Materie ist vortreflich ausgedacht. Sie sind also ein Cartesianer? sagten die drey Reysende. Ja, sagte Candide, und was noch mehr ich bin ein Leibnitzianer. Desto schlechter sind Sie daran, antworteten die Philosophen: Descartes und Leibnitz haben keinen gesunden Verstand gehabt. Wir sind Neutonianer, wir, und wir rechnen uns das zur Ehre: wenn wir uns miteinander streiten, so geschiehet das nur, um uns in unsern Meynungen desto mehr zu befestigen, denn sonst haben wir alle einerley Gedanken. Wir suchen die Wahrheit auf der Bahn des Neutons, weil wir überzeugt sind, daß Neuton ein großer Mann ist ∴ Und Descartes auch, und Leibnitz auch, und Pangloß auch, sagte Candide: diese große Männer sind wohl eben so gut, als andere. Sie sind sehr unverschämt, guter Freund, antworteten die Philosophen. Kennen Sie die Gesetze der Refrangibilität, der Attraction, der Bewegung. Haben sie die Wahrheiten gelesen, welche der Doctor Clark den

Träu-

Träumen ihres Leibnitz entgegen gesetzet hat. Wissen Sie etwas von der Kraft der Körper, nach welcher sie sich von dem Mittelpunct entfernen, und von der Kraft nach welcher sie sich dem Mittelpunct nähern? Wissen sie wohl daß die Farben von der verschiedenen Dicke der Körper entstehen? Haben Sie einige Kenntniß von der Theorie des Lichts und der Schwere? kennen Sie den Periodum von fünf und zwanzig tausend neun hundert und zwanzig Jahren, der zum Unglück mit der Chronologie nicht harmoniren will? Nein, gewiß nicht, Sie haben von allen diesen Dingen lauter irrige Begriffe. Schweig also still, du erbärmliche Monade und hüte dich Riesen zu beleidigen, dadurch daß du sie mit Zwergen vergleichen wilst. Meine Herren, antwortete Candide, wenn Pangloß hier wäre, er würde ihnen schöne Sachen sagen, denn er ist ein großer Philosoph: er verachtet ihren Neuton ganz erschröcklich; und ich, der ich sein Schüler bin, halte ebenfalls nicht viel vom Neuton. Die Philosophen geriethen darüber in Zorn, machten sich über den Candide her und der arme Candide wurde recht sehr philosophisch durchgeprügelt.

Ihr Zorn besänftigte sich: sie bathen um Vergebung bey unserm Helden und entschuldigten ihre Lebhaftigkeit. Darauf nahm einer von ihnen das Wort und hielt eine sehr schöne Rede von der Sanftmuth und der Mäßigung der Affecten.

Währender Zeit sie miteinander redeten, sahe man ein prächtiges Leichenbegängniß vorbey ziehen: unsere Philosophen nahmen daher Gelegenheit von der thörichten Eitelkeit der Menschen zu sprechen. Wäre es nicht weit vernünftiger, sagte einer von ihnen, wenn

Die beste Welt.

wenn die Verwandten und Freunde selbst den verwünschten Sarg trügen, ohne Pracht und ohne Aufsehen zu machen? Diese traurige Handlung würde ihnen das Bild des Todes vorstellen und würde sie nicht dadurch die heilsamste und recht philosophische Wirkungen hervorbringen? Diese Gedanken, welche sich von selbst anbiethen würden: Der Körper den ich trage, ist der Körper meines Freundes, meines Verwandten: er ist nicht mehr, und ich muß, eben so wie er, einmal aufhören zu seyn: würden sie nicht geschickt seyn, die Laster auf dieser unglückseeligen Kugel im Zaum zu halten: Geschöpfe, die eine Unsterblichkeit der Seelen glauben, zur Tugend zurückzuführen? Die Menschen sind nur allzu geneigt die Gedanken des Todes von sich zu entfernen, als daß man befürchten müste, ihnen allzu starke Bilder davon vorzustellen. Warum entfernet man von diesem Spectakel eine Mutter, eine Gemahlin in Thränen? Diese klagende Stimmen der Natur, die durchdringende Seufzer der Verzweiflung würden die Asche eines Verstorbenen weit mehr ehren, als alle die Personen die von Haupt bis zu Fuß schwarz sind, einen unnützen Leichenstaat tragen und der ganze Haufen Priester, welche Gebether die sie nicht verstehen, mit Vergnügen absingen.

Sie drucken sich sehr gut aus, sagte Candide: wenn sie allezeit so wohl redeten und sichs nicht einfallen liessen, die Leute zu schlagen, so würden sie ein grosser Philosoph seyn.

Unsere Reysende nahmen unter den Zeichen der Vertraulichkeit und Freundschaft von einander Abschied. Candide setzte seine Reyse nach Dännemark immer fort und vertiefte sich in den Wäldern: indem er nun, so allen dem Unglück, welches ihm in der besten unter allen möglichen Welten zugestoßen war, nachdachte, kam er von der Landstraße ab und verirrete sich. Der Tag fing an sich zu neigen, als er seinen Fehler merkte: er wurde ganz kraftloß, hob die Augen traurig gen Himmel, stützte sich auf den Stock eines Baums und sprach folgende Worte. Ich habe die halbe Welt durchgestrichen: ich habe gesehen, daß Betrug und Verläumdung die Oberhand behalten haben; ich habe mich nur beflissen den Menschen nützliche Dienste zu leisten und ich bin verfolget worden. Ein grosser König würdigt mich seiner Gnade und läßt mir funfzig Hiebe mit dem Ochsenziemer reichen. Ich komme mit einem hölzernen Beine in einer sehr schönen Provinz an: ich genüße daselbst die Wollust, nachdem ich vorher Verdruß und Galle habe verschlucken müssen. Ein gewisser Abt kommt an, ich nehme ihn in Schutz: durch meine Bemühungen schmeichelt er sich bey Hofe ein und ich bin genöthigt ihm die Füße zu küssen. ▪ ▪ Ich treffe meinen armen Pangloß wieder an, muß aber sehn, daß er verbrennt wird ▪ ▪ Ich befinde mich in Gesellschaft mit Philosophen, der fromsten und geselligtesten Art unter allen Arten der Thiere, welche auf der Fläche der Erden zerstreuet sind, und sie schlagen mir recht unbarmherzig die Haut voll. ▪ ▪ Es muß doch alles gut seyn, weil es Pangloß gesagt hat; aber ich bin dem ohngeachtet, der Unglückseeligste unter allen möglichen Geschöpfen.

Hier brach Candide ab, weil seine Ohren ein durchdringendes Geschrey vernahmen, welches schien von einem benachbarten Orte herzukommen: aus Neugierde ging er etwas vorwärts. Eine junge

Person, die sich mit allen Zeichen der grausamsten Verzweiflung die Haare ausriß, stellete sich plötzlich [ei]nem Gesicht vor. Wer Sie auch seyn mögen, [sp]rach sie zu ihm, wenn Sie ein Herz haben, so sol[l]en Sie mir nach. Sie gingen miteinander fort. [K]aum aber hatten sie einige Schritte gethan, so wur[d]e Candide einen Mann und eine Frau gewahr, wel[ch]e auf dem Grase ausgestreckt lagen: ihre Physio[gn]omien verkündigten den Adel ihrer Seelen und ih[re]s Ursprunges: sie hatten, ohnerachtet der Schmerz, [w]elchen sie empfanden, ihre Züge sehr verstellete, doch [s]o etwas einnehmendes im Gesicht, daß Candide [n]icht umhin konnte, sie zu beklagen und sich nach der [U]rsach, wodurch sie in diese klägliche Umstände ge[r]athen waren, zu erkundigen. Es ist mein Vater [u]nd meine Mutter, die Sie da sehen, sagte die jun[g]e Person zu ihm: ja, sie sind es denen ich mein [El]endes Leben zu verdanken habe, fuhr sie fort und [w]arf sich in ihre Arme. Sie nahmen die Flucht, [u]m der Schärfe eines ungerechten Urtheilsspruchs [a]uszuweichen: ich begleite sie auf ihrer Flucht völlig [v]ergnügt, daß ich ihr Unglück mit ihnen theilen konn[te] und in der Hofnung, daß meine schwachen Hän[d]e ihnen, in der Wüste, wohin wir zu gehen wil[le]ns waren, die nöthigsten Nahrungsmittel würden [er]werben können. Wir haben uns hier aufgehal[te]n um uns etwas auszuruhen; ich habe den Baum, [w]elchen Sie da sehen, entdecket, seine Frucht hat [m]ich betrogen ... Ach weh mir! ich bin eine ab[sch]euliche Creatur in den Augen der ganzen Welt [un]d in meinen Augen. Möchte sich doch ihr Arm [be]wafnen um die beleidigte Tugend zu rächen und [ei]nen Vatermord zu bestrafen. Stoßt zu! ...

D 2   Die-

Diese Frucht ... ich habe davon meinem Vater und meiner Mutter gegeben; sie haben davon mit Vergnügen gegessen: ich freuete mich ein Mittel gefunden zu haben, ihren Durst zu löschen, davon sie sehr geplaget waren ... Ach! ich Unglückseelige: es war der Tod den ich ihnen gegeben habe: diese Frucht ist ein Gift.

Bey dieser Erzählung schauerte dem Candide die Haut: die Haare auf seinem Haupte stunden ihm zu Berge, ein kalter Schweiß lief tropfenweise von seinem ganzen Körper herab. Er war eifrigst beflissen, so viel es die Lage, worinn er sich befand, erlauben wolte, dieser unglückseeligen Familie beyzustehen; aber der Schade war zu groß, welchen das Gift bereits angerichtet hatte und die allerwirksamsten Hülfsmittel wären nicht im Stande gewesen, der traurigen Wirkung desselben, Einhalt zu thun.

Liebstes Kind! Du unsere einzige Hofnung! riefen die beyden Unglückseeligen: vergieb dirs, wie wir es dir vergeben. Deine allzugroße Zärtlichkeit bringt uns ums Leben ... Großmüthiger Fremdling lassen Sie sich doch um Gotteswillen ihro Erhaltung empfohlen seyn: Sie hat ein edles, ein zur Tugend gebildetes Herz: es ist ein Pfand welches uns unendlich werther ist, als alle unsere ehmals glückliche Umstände. Liebste Zenoide! wir umarmen dich nunmehro zum letzten mal, mische deine Thränen mit den unsrigen. Ach Himmel! wie viel Reitzungen haben diese Augenblicke nicht für uns! Du hast uns die Thür des finstern Gefängnisses in welchem wir seit vierzig Jahren jämmerlich geschmachtet haben, geöfnet. Zärtliche Zenoide, wir seegnen dich: ach vergiß doch niemals die Lehren, welche

)e unsere Klugheit dir ertheilet hat, ach! möchtest
u doch dadurch bewahret werden und nicht in den
lbgrund stürzen, welchen wir unter deinen Schrit-
n sich eröfnen sehen.

Als sie diese Worte gesprochen hatten, gaben sie
ren Geist auf. Candide hatte sehr viel Mühe, ehe
e Zenoide wieder zu sich selbst kommen konnte. Der
Mond hatte diesen rührenden Auftrit erleuchtet. Der
ag brach an und Zenoide, welche in einer schwer-
üthigen Traurigkeit versunken war, hatte den Ge-
auch ihrer Sinnen noch nicht wieder erlanget. So
ald sie ihre Augen eröfnet hatte, bath sie den Can-
de, er möchte ein Loch in die Erde graben um da-
nn die beyden todten Körper in Ruhe zu bringen :
selbst half daran arbeiten mit einer Standhaftig-
it die zum Erstaunen war. Nachdem sie diese Pflicht
füllet hatte, ließ sie ihren Seufzern einen freien
uf. Unser Philosoph schleppte sie von diesem ver-
ünschten Platze weit fort: sie gingen lange Zeit ohne
en gewissen Weg zu erwählen. Endlich sahen sie
e kleine Hütte stehen. Zwey wohl besagte Perso-
n wohneten in dieser Einöde und gaben sich die aller-
ßerste Mühe, so viel es ihnen ihre Armuth erlaub-
, den bejammernswürdigen Zustand ihrer Brüder
erleichtern. Diese alte Leute waren recht so, wie
m uns den Philemon und den Baucis schildert.
nfzig Jahr waren bereits verflossen in denen sie alle
üßigkeiten des Ehestandes schmecketen, ohne jemals
Bitterkeit desselben gekostet zu haben: eine dauer-
fte Gesundheit, die Frucht der Mäßigkeit und
he des Gemüths: sanfte, einfältige Sitten: ein
rschöpflicher Vorrath von Redlichkeit in ihrem
aracter, und alle Tugenden welche der Mensch

kei-

keinem, als sich selbst, zu verdanken hat, das waren die nie genug gepriesene Schätze, welche der Himmel ihnen zugeworfen hatte. Sie wurden hoch geehret in den benachbarten Dörfern, deren Einwohner, die in ihrem Bauernstande glücklich und zufrieden waren, unter ehrlichen Leuten wohl hätten mitkommen können, wenn sie nur catholisch gewesen wären. Sie machten sich daraus eine Schuldigkeit, dem Agathon und der Suname, (so nennten sich die alten Ehegatten;) es an nichts mangeln zu lassen. Ihre Wohlthätigkeit erstreckte sich auch auf die neuangekommenen Gäste. Ach! sagte Candide, es ist doch recht sehr schade, daß Sie verbrannt worden sind, mein lieber Pangloß: Sie hatten wohl recht: aber es ist doch nicht wahr, daß in allen Theilen von Europa und Asien, die ich mit ihnen durchgestrichen bin, alles gut ist: alles ist gut in Eldorado, dahin man nicht kommen kann, und in einer kleinen Hütte, die in dem kältesten, trockensten und abscheulichsten Winkel der Welt gelegen ist. Was solte mir das für eine Freude seyn, wenn ich Sie hier von der vorherbestimmten Harmonie und den Monaden reden hören könnte. Ich wolte wohl hier meine Lebenstage unter diesen ehrlichen Lutheranern zubringen; aber denn müste ich mirs begeben in die Messe zu gehen und ich müste mirs gefallen lassen, wenn ich in dem christlichen Journal gräulich heruntergemacht würde.

Candide war sehr begierig die Begebenheiten der Zenoide zu erfahren, aus Höflichkeit wolte er ihr aber davon nichts sagen: sie merkte dieses und that seinem ungedultigen Verlangen ein Genüge in dem sie folgende Geschichte erzählete.

Das dreyzehnte Capitel.

Die Geschichte der Zenoide. Wie Candide sich brünstig in ihr verliebet und was darauf gefolget ist.

Ich stamme von einem der ältesten Häuser in Dännemark ab. Einer meiner Vorfahren kam bey dem Gastmal um, bey dem der böse Christiern so vielen Reichsräthen den Tod zubereitet hatte. Ehrenstellen und Reichthümer sind bey meiner Familie in Ueberfluß gewesen, aber bis auf diese Stunde haben sie nur erlauchte Unglückseelige gemacht. Mein Vater war so dreist sich die Ungnade eines mächtigen Mannes über den Hals zu ziehen; er hatte ihm die Wahrheit gesagt: man hetzte Ankläger auf welche ihn anschwärzen und ihm viele Laster, daran er nicht gedacht hatte, schuld geben musten. Die Richter wurden betrogen: Und welche Richter laßen sich nicht einmal von den Fallstricken, welche die Verläumbdung der Unschuld leget, fangen? Mein Vater wurde verdammet den Kopf auf einer Blutbühne zu verliehren. Da ihn nichts als die Flucht von der Todesstrafe retten konnte, so nahm er seine Zuflucht zu einem guten Freund, von dem er glaubte, daß er diesen schönen Namen verdiente. Wir blieben einige Zeit in einem Schloße, welches er an der Küste der See besaß, verborgen, und wir würden daselbst noch seyn, wenn der Grausame nicht unsern beweinenswürdigen Zustand, worinn wir uns befanden, hätte mißbrauchen und uns seine Dienste um

einen

einen solchen Preis verkaufen wollen, der uns nö-
thigte ihn zu verabscheuen. Der Ehrvergessene hatte
einer verbothenen Neigung, zu mir und meiner
Mutter, in seinem Herzen Platz gegeben und er griff
unsere Tugend an und bediente sich dabey solcher Mittel, derer kein ehrlicher Mann sich jemals zu bedienen pfleget. Wir sahen uns also genöthigt, uns der
abscheulichsten Gefahr bloß zu stellen, um den Wirkungen seiner viehischen Lüste auszuweichen. Wir
nahmen zum andernmal die Flucht: das Uebrige
wissen Sie.

So endigte Zenoide diese Erzählung und weinte von
neuen. Candide wischte ihre Thränen ab und sagte
um sie zu trösten: Es ist alles aufs beste eingerichtet
Mademoiselle, denn wäre ihr Herr Vater nicht vergiftet worden und wäre er nicht davon gestorben,
Sie würden ganz unfehlbar entdecket worden seyn,
und man hätte ihm den Kopf vor die Füße geleget.
Ihre Frau Mutter würde vielleicht aus Gram gestorben seyn und wir würden uns nicht in dieser elen-
den Bauerhütte befinden, worinn doch alles besser
gehet, als in den möglichen allerschönsten Schlös-
sern. Ach! Mein Herr gab Zenoide zur Antwort,
mein Vater hat mirs niemals gesagt, daß in der
Welt alles aufs beste ginge. Wir gehören alle einem
GOtt zu, der uns liebet, Er hat nicht von uns
herzfressende Sorgen, schmerzhafte Krankheiten und
unzähliges Uebel, welches die Menschheit plaget,
entfernen wollen. In Amerika wächset das Gift
nahe bey der Quinquina. Der allerglückseligste
Sterbliche hat Thränen vergossen. Aus der Mi-
schung des Vergnügens und der mannigerley Noth,
entstehet das, was wir das Leben nennen, das heißt,
der

der Verfluß einer bestimmten Zeit, die in den Augen des Weisen allemahl zu lang ist, welche man brauchen muß, um der Gesellschaft worinn man sich befindet, Gutes zu thun, die Werke des Allmächtigen zu genüßen, ohne thörichter Weise nach den Ursachen derselben zu forschen, seinen Wandel nach dem Zeugniß seines Gewissens einzurichten und vor allen Dingen seine Religion hochzuhalten: höchstglücklich ist der, der nach ihrer Vorschrift leben kann.

Sehen Sie, das hat mir mein verehrungswürdiger Vater oft gesagt. Wehe! denen verwegenen Schriftstellern, fügte er hinzu, welche sich bemühen in die Geheimnisse des Allmächtigen einzudringen. Der Grundsatz, daß GOtt von viel tausend Atomen, denen er das Leben gegeben hat, will verehret seyn, hat die Menschen verführet, lächerliche Chimären mit ehrwürdigen Wahrheiten zu verbinden. Der Dervis bey den Türken, der Bramin in Persien, der Bonze in China, der Talapoin in Indien, diese alle bethen die Gottheit auf unterschiedene Art an, aber in der tiefen Finsterniß, worinn sie stecken, genüßen sie die Ruhe der Seele, und derjenige, welcher diese Finsterniß erleuchten wollte, würde ihnen einen schlechten Dienst leisten. Es ist kein Beweis, daß man die Menschen liebet, wenn man sie von der Herrschaft der Vorurtheile zu befreyen suchet.

Sie sprechen wie ein Philosoph, sagte Candide: Darf ich Sie wohl fragen, meine schöne Demoisell, was Sie für eine Religion haben. Ich bin in der lutherischen Religion erzogen worden, antwortete Zenoide: dieses ist die Religion meines Landes. Alles was Sie mir da gesagt haben, fuhr Candide fort, ist ein Lichtstrahl, welcher mich ganz durchdrungen hat. Ich fühle es bey mir, daß ich Sie ganz außerordentlich hoch schätze, bewundere ⸱ ⸱ ⸱ Wie ist es möglich, daß so viel Verstand in einem so schönen Körper wohnen kann: in Wahrheit, meine Hochachtung gegen Sie, meine Bewunderung gehet so weit, daß ⸱ ⸱ ⸱ Candide stammelte noch einige Worte. Zenoide merkte seine Verwirrung und verließ ihn: von diesem Augenblick an vermied sie es, mit ihm allein zu seyn und Candide suchte alle Gelegenheit mit ihr allein oder auch ganz allein zu seyn: Er war in eine Melancholie versunken, die für ihn viel Reitze hatte: er liebte die Zenoide inbrünstig und wolte es doch sich selbst nicht gestehen. Seine Blicke verriethen das Geheimniß seines Herzens. Ach! sagte er, wenn der Herr Pangloß doch hier wäre, er würde mir einen guten Rath geben, denn er war ein großer Philosoph.

Das vierzehnte Capitel.

Fortgesetzte Liebes-Geschichte des Candide.

Der einzige Trost, welchen Candide genoß, bestand darinn, daß er, in Gegenwart seines Wirthes und seiner Wirthin, sich mit der schönen Zenoide unterhalten konnte. Wie konnte aber der König, sagte er eines Tages zu ihr, bey dem Sie doch einen freyen Zutritt hatten, die Ungerechtigkeit zugeben, welche ihrem Hause wiederfahren ist? Sie müssen ihn wohl recht sehr hassen? Ey! sagte Zenoide, de, wer wolte denn seinen König hassen? Wer wolte den nicht lieben, dessen Händen das funkelnde Schwerdt der Gerechtigkeit anvertrauet ist? Die Könige sind die lebendigen Bilder der Gottheit; wir müssen niemals ihre Aufführung verdammen; Gehorsam und Ehrerbiethung sind die Pflichten guter Unterthanen. Ich bewundere Sie, je länger, je mehr, antwortete Candide. Mademoisell ist ihnen der große Leibnitz bekannt, und der große Pangloß welcher verbrannt worden ist, nachdem er mit genauer Noth dem Galgen entgangen war? Sind ihnen die Monaden bekannt, die subtile Materie und die Wirbel? Nein, Mein Herr, sagte Zenoide, mein Vater hat mir von allen diesen Dingen niemals etwas gesagt: er hat mich nur ein wenig mit der Naturlehre, welche sich auf Versuche gründet, bekannt gemacht. Er hat mich gelehret alle Arten von Philosophien verachten, welche nicht in grader Linie das Glück des Menschen zum Zweck haben; welche ihm falsche Begriffe von dem, was er sich selbst, und von dem, was er andern schuldig ist, beybringen; welche ihm nicht Anweisung geben, wie er seine Sitten verbessern kann; welche seinen Kopf nur mit barbarischen Wörtern und verwegenen Muthmaßungen erfüllen; welche ihm von dem Urheber aller Dinge klärere Begriffe geben wollen, als diejenigen sind, die er aus seinen Werken schöpfen kann und aus den Wundern die alle Tage vor seinen Augen verrichtet werden. Ich sage es noch einmahl ich bewundere Sie Mademoiselle; Sie bezaubern mich: ich bin ganz entzücket. Sie sind ein Engel den der Himmel mir zugeschickt hat, und der mich zur Einsicht in die Trugschlüsse des Herrn Pangloß erleuchten soll.

Welch

Welch ein armes Thier war ich nicht? Nachdem ich eine entsetzliche Menge Stöße vor den Hintern, Hiebe mit den Spitzruthen auf den Buckel und Hiebe mit dem Ochsenziemer auf die Fußsolen empfangen hatte; nachdem ich bey der feyerlichen Hinrichtung des Herrn Panglos durchs Strick gewesen war und nachdem ich ihn hatte ganz frisch verbrennen sehen: nachdem ich mit unaussprechlichen Schmerzen von einem verfluchten Persianer genothzüchtiget, auf Befehl des Divans geplündert und von Philosophen tüchtig ausgeprügelt worden war, so glaubte ich doch noch, daß alles gut wäre. Ach! man hat mir meinen Irrthum gut benommen. Inzwischen ist mir doch die Natur niemals schöner vorgekommen, als seit der Zeit ich Sie sehe. Die Harmonie der Concerte welche die Vögel auf dem Felde anstimmen, rühret mein Ohr. Bis auf den heutigen Tag habe ich davon nichts empfunden; alles belebt sich und es scheinet, als wenn mit dem Firniß der Leidenschaft die mich bezaubert, auch alle Gegenstände überzogen wären. Ich empfinde zwar nicht jene wollüstige Mattigkeit, welche ich in den Gärten, die ich in Susa hatte, ausstehen muste: es ist schlechterdings ganz etwas anders, so Sie mir ins Herz gebracht haben. Laßen Sie uns hier abbrechen, sagte Zenoide: wenn Sie weiter zu sprechen fortfahren, möchten Sie meine Zärtlichkeit beleidigen und Sie sind ihr einige Achtung schuldig. Ich will schweigen, sagte Candide, aber mein Feuer wird deßwegen nicht minder verzehrend seyn. Als er diese Worte aussprach, sahe er die Zenoide an: er merkte, daß sie roth wurde, und wie er ein erfahrner Mann war, so gründete er darauf die schmeichelhaftesten Hofnungen.

Die beste Welt.

Die junge Dänin vermied annoch einige Zeit die Vertraulichkeit des Candide. Eines Tages als er mit starken Schritten in dem Garten seiner Wirthe spazieren ging, rief er in einer verliebten Entzückung: Ach! warum habe ich nicht mehr meine Hammel aus dem gutem Lande Eldorado? Warum bin ich nicht im Stande ein kleines Königreich zu kaufen? Ach wäre ich ein König. . . . Und was würde ich denn bey ihnen seyn? sagte eine Stimme, welche das Herz unsers Philosohen durchbohrete. Sind Sie es, schöne Zenoide, sagte er und fiel vor ihr nieder: ich glaubte ich wäre allein. Die wenigen Worte, welche Sie gesprochen haben, scheinen mir mein Glück, wornach ich strebe, zu versichern. Ich werde niemals ein König und vielleicht niemals reich werden: aber wenn Sie mich lieben . . . . wenden Sie doch ihre Augen, die so voller Reitzung sind, nicht von mir weg, lassen Sie mich darinn ein Geständniß lesen, welches allein alle meine Wünsche sättigen kann. Schöne Zenoide, ich bete Sie an: ach! möchte sich doch ihr Herz eröfnen und sich meiner erbarmen! ⹁ ⹁ ⹁ Was sehe ich! Sie vergießen Thränen: ach! ich bin nur allzuglücklich. Ja, Sie sind glücklich, sagte Zenoide: es nöthigt mich nichts, meine Empfindlichkeit einem Mann, den ich derselben würdig halte, zu verbergen: bis hieher sind Sie mit meinem Schicksal allein durch die Bande der Menschlichkeit vereiniget gewesen: es ist Zeit diese Bande, durch noch viel heiligere Bande näher zu verknüpfen. Ich habe alles wohl bey mir überleget: denken Sie auch reiflich nach und erwägen Sie besonders, daß, wenn Sie mich heirathen, Sie die Pflicht übernehmen mich zu beschützen und das Elend, welches das

Schick-

Schicksal mir vielleicht noch aufgehoben hat, zu versüßen und mit mir zu theilen. Sie heirathen? sagte Candide, bey diesen Worten erkenne ich plötzlich die Thorheit meiner Aufführung. Ach! allerliebste Freundin, ich verdiene ihre Gütigkeiten nicht: Mademoiselle Cunegonde ist nicht gestorben .... Wer ist die Mademoiselle Cunegonde? Sie ist meine Frau, antwortete Candide mit der ihm gewöhnlichen Offenherzigkeit.

Unsere Verliebten blieben einige Augenblicke ohne ein Wort zu sprechen: sie wolten reden, aber die Worte starben auf ihren Lippen. Ihre Augen waren von Thränen naß. Candide hielt in seinen Händen die Hände der Zenoide: er drückte sie an seine Brust, und küssete sie tausendmal. Er hatte die Dreistigkeit mit seiner Hand den Busen seiner Geliebten zu berühren: er merkte daß sie sehr schwer Athem holete. Schnell flog seine Seele auf ihren Mund und sein Mund blieb an ihrem Munde kleben und dadurch erhielt die schöne Dänin den Gebrauch ihrer Sinne wieder, welchen sie verlohren hatte. Candide glaubte in ihren schönen Augen zu lesen, daß sie es ihm vergeben hätte. Theuerster Freund sagte sie zu ihm, es würde mir nicht anstehen zornig zu seyn, da mein Herz ihren verliebten Eifer billiget. Inzwischen halt ein! du würdest Schuld daran seyn, wenn die Leute übels von mir sprächen und alsdenn würdest du mich wohl nicht lieben können, wenn ich der Gegenstand ihrer Verachtung geworden wäre. Halt ein! respectire meine Schwachheit! Was! rief Candide, weil der tumme Pöbel sagt, daß ein Mägdchen sich schändet, wenn sie ein Wesen glücklich macht, welches sie liebet und von dem sie wieder geliebet wird, wenn sie darinn

dem

dem süßen Triebe der Natur folget, welcher in dem
güldenen Alter der Welt = = = Wir werden diese
wichtige Unterredung nicht ganz erzählen: es ist uns
genug zu sagen, daß Candidens Beredsamkeit, welche durch die Ausdrücke der Liebe verschönert wurde,
alle die Wirkungen hervorgebracht habe, welche er
bey einer jungen und empfindlichen Philosophin erwarten konnte.

Unsern Verliebten, die vormals ihre Zeit in Traurigkeit und Verdruß zubrachten, verflossen ihre Tage
schnell in einer beständigen Trunkenheit. Der köstliche
Saft der Wollust lief in ihren Adern herum. Die
Stille der Wälder, Berge, die mit Dornen bedeckt,
und mit tiefen Abgründen umgeben waren, mit Eise
belegte Flächen, Felder voller Schrecken, die sie rings
um sich herum sahen, überzeugten sie je mehr und
mehr von der Nothwendigkeit sich einander zu lieben:
sie hatten den Schluß gefasset, diese abscheuliche Einöde nicht zu verlaßen, aber das Schicksal war noch
nicht müde sie zu verfolgen, wie wir dieses in dem folgenden Capitel sehen werden.

+++++++++++++++ ++ ++++++++++++++

Das funfzehnte Capitel.
Die Ankunft des Volhalls. Reyse nach Copenhagen.

Candide und Zenoide sprachen mit einander von den
Werken der Gottheit, von dem Dienst, den
die Menschen ihr schuldig sind, von den Pflichten
des gesellschaftlichen Lebens und hauptsächlich von der
Wohlthätigkeit, die unter allen Tugenden der Welt

am

am nützlichsten ist. Sie ließen es aber nicht bey leeren Betrachtungen und schönen Worten bewenden; Candide zeigte jungen Knaben die Ehrerbiethung welche sie den heiligen Banden der Gesetze schuldig sind: Zenoide unterrichtete junge Mägdchen in den Pflichten, welche sie gegen ihre Eltern beobachten müssen; beyde vereinigten sich mit einander um in den jungen Herzen den fruchtbaren Samen der Religion auszustreuen. Als sie eines Tages in diesen gottseeligen Geschäften begriffen waren, kam die Suname und brachte der Zenoide die Nachricht, es sey ein alter Herr angekommen, der in seinem Gefolge viele Bedienten hätte, und daß sie nach der Schilderung, welche er ihr von der Person, die er suchte, gemacht hätte, nicht anders denken könnte, als daß es die schöne Zenoide seyn müsste. Dieser Herr folgte der Suname auf den Fuß nach, und kam fast zu gleicher Zeit mit ihr an den Ort, wo Zenoide und Candide beysamen waren.

Als Zenoide ihn ansichtig wurde, fiel sie in Ohnmacht: aber Volhall, der bey diesem rührenden Auftritt wenig Empfindlichkeit blicken ließ, ergriff sie bey der Hand und zerrete sie mit solcher Gewalt, bis sie wieder zu sich selbst kam: aber dieß geschahe nur, um einen Strohm von Thränen zu vergießen. Meine Nichte, sagte er zu ihr mit einem bittern Lächeln, ich finde dich in einer sehr guten Gesellschaft: ich wundere mich darüber gar nicht, daß du diese, dem Aufenthalt in der Residenz, in meinem Hause und bey deiner Familie, vorziehest. Ja, mein Herr, antwortete Zenoide, ich ziehe die Oerter, wo Unschuld und Redlichkeit wohnen, denen vor, wo sich Verrätherey und Betrug aufhalten. Ich würde mit äußersten

Abscheu

Abscheu den Ort wieder sehen, wo mein Unglück sich angefangen hat, wo ich so viel Proben von der Abscheulichkeit ihres Characters empfangen habe, und wo ich keine andere Verwandten, als Sie, habe. Mademoiselle, erwiederte Vollhall, Sie werden mir folgen, wenn es ihnen gefällig ist, und solten Sie auch noch einmal in Ohnmacht fallen. Mit diesen Worten schleppte er sie fort und sie muste sich in eine Kutsche setzen, die auf ihn wartete. Sie hatte nur so viel Zeit dem Candide zu sagen, daß er ihr folgen möchte. Sie reysete also fort, seegnete ihre Wirthe und versprach ihre großmüthige Bewirthung zu belohnen.

Einem Bedienten des Vollhalls jammerte der Schmerz, worinn Candide versunken war: er glaubte, daß er an dem Schicksal der jungen Dänin keinen besondern Antheil nähme, und daß ihn die Tugend im Unglück so sehr gerühret hätte. Er that ihm den Vorschlag mit nach Copenhagen zu reysen und erleichterte ihm die Mittel dazu. Er that noch mehr: er gab ihm zu verstehen, daß er wohl einen Platz unter den Bedienten des Vollhalls erhalten könnte, wenn er dienen müste, und ihm kein anderes Mittel, sich aus der Noth zu reissen, übrig wäre. Candide ließ sich dieses Anerbiethen gefallen und so bald er angelanget war, stellete sein künftiger Kammerad ihn als einen Verwandten, vor den er gut sagte, dem Herrn vor. Höre du Flegel, sagte Vollhall zu ihm, ich will dir wohl das Glück gönnen, daß du bey einem Mann, wie ich bin, in Dienste treten kannst: aber setze niemals den tiefsten Respect aus den Augen, welchen du meinen Befehlen schuldig bist: komm ihnen zuvor, wenn du dazu Verstand genug hast: bedenke daß ein Mann, wie ich bin, sich erniedriget, wenn er mit einem Lumpenhund, wie du bist, spricht. Unser

ser Philosoph beantwortete diese unverschämte Anrede mit der tiefsten Erniedrigung und noch an demselbigen Tage zog man ihm die Liberey seines Herrn an.

Man kann sichs leicht einbilden, wie sehr die Zenoide sich gewundert und gefreuet haben müsse, als sie ihren Geliebten unter den Bedienten ihres Vetters erkannte: sie verschaffete die Gelegenheiten und Candide wuste davon Gebrauch zu machen: sie schworen sich einander eine unverletzliche Beständigkeit. Zenoide hatte bisweilen einige traurige Stunden: sie warf sich ihre Liebe zum Candide vor: ihr Eigensinn machte ihm viel zu schaffen: aber Candide bethete seine Geliebte an: er wuste daß die Vollkommenheit kein Erbtheil des Mannes, und noch viel weniger der Frau ist. In seinen Armen wurde die Zenoide immer wieder vergnügt. Die Art des Zwanges, worinn sie sich befanden, machte ihnen die Wollust noch schmackhafter. Sie waren noch glücklich.

Das sechszehnte Capitel.
Wie Candide seine Frau wieder gefunden und seine Geliebte verlohren hat.

Unser Held durfte nur den Stolz seines Herrn geduldig ertragen und um diesen Preis war ihm die Gunst seiner Geliebten noch lange nicht zu theuer. Die Liebe, wenn sie ihren Zweck erreicht hat, verbirgt sich nicht zu leicht, als mans wohl sagt. Unsere Verliebten verriethen sich selbst. Ihre Verbindung war nur noch ein Geheimniß in den blöden Augen des Volhalls: alle Bedienten wusten es. Candide erhielt darüber Glückwünsche, die da machten, daß er zitterte und bebte. Er erwartete das Ungewitter, welches bereit war über sein Haupt auszubrechen,

brechen, und ließ sich wohl nicht träumen, daß eine Person, die ihm lieb gewesen war, im Begriff stand sein Unglück zu beschleunigen. Er hatte bereits vor einigen Tagen ein Gesicht gesehen, welches mit der Mademoisell Cunegunde Aehnlichkeit hatte: dieses Gesicht begegnete ihm wieder in dem Hofe des Volhalls. Die Person, welche es trug, war schlecht gekleidet, und es war gar nicht wahrscheinlich, daß die Geliebte eines Mahometanischen Großen, sich auf dem Hofe eines Copenhagischen Hauses aufhalten solte. Inzwischen sahe diese unangenehme Person den Candide mit aller Aufmerksamkeit an: plötzlich näherte sie sich selbigem, ergriff den Candide bey den Haaren, und gab ihm die größte Maulschelle, die er noch in der Welt empfangen hatte. Ich betrüge mich nicht, rief unser Philosoph! O Himmel! wer hätte das geglaubt? Was wollen Sie hier machen, da Sie sich haben von einem Anhänger des Mahomeds nothzüchtigen lassen? Packe dich fort du ungetreues Weib, ich kenne dich nicht mehr. Du solst mich wohl wieder kennen an meiner rasenden Wuth, erwiederte die Cunegunde: ich weiß wohl, was du hier vor ein Leben führest, deine Liebe zur Nichte deines Herrn, deine Verachtung meiner Person. Ach leider! es sind nur drey Monathe, daß ich aus dem Serail heraus bin, weil ich darin zu nichts mehr zu gebrauchen war. Ein Kaufmann hat mich gekaufet: ich soll ihm seine Wäsche in Ordnung halten: er nimmt mich mit auf eine Reyse, welche er nach diesen Küsten vorzunehmen Willens war: Martin, Cacambo und die Paquette, die er auch erhandelt hat, sind von der Gesellschaft: der Doctor Pangloß, wer hätte sich in der Welt das wohl einbilden sollen? befindet sich von ohngefähr auf demselbigen Schiffe als ein Passagier: einige Meilen von hier leiden wir Schiffbruch; ich entgehe der Gefahr mit dem treuen Cacambo, der, ich schwöre es dir, wohl so eine feste Haut, wie du, hat; ich finde dich ungetreu. Zittere und fürchte alles von einem aufgebrachten Weibe!

Bey diesem rührenden Auftritt stund der Candide wie ein Ochse am Berge. Er hatte die Cunegunde gehen laßen ohne daran zu denken, daß man mit einem jeden, der unser Geheimniß weiß, sehr behutsam umgehen muß, als der Cacambo ihm in die Augen fiel. Sie umarmeten sich zärtlich. Candide zog von allen dem, was man ihm gesagt hatte, nähere Nachricht ein. Das Unglück des grossen Pangloß, der nachdem er war aufgehangen und verbrannt worden, auf eine jämmerliche Weise im Wasser umgekommen ist, ging ihm ungemein sehr zu Herzen. Sie schütteten so recht ihre Herzen gegen einander aus, wie es vertraute Freunde zu machen pflegen. Ein kleines Handbriefchen, welches Zenoide aus dem Fenster warf, machte der Unterredung ein Ende. Candide eröfnete es und fand darinn folgende Worte.

„Fliehe, theuerster Freund, es ist alles entdeckt.
„Eine unschuldige Neigung, welche die Natur bil-
„liget, die in keinem Stück gesellschaftliche Pflichten
„verletzet, ist in den Augen der leichtgläubigen und
„grausamen Menschen ein Laster. Vollhall ist so
„eben aus meinem Zimmer gegangen, er hat mir
„recht unmenschlich hart begegnet. Nun will er ei-
„nen Befehl auswirken, daß du in dem finstersten
„Loche umkommen solst. Fliehe, geliebteste Seele,
„und bringe dein Leben in Sicherheit, welches du
„in meiner Gesellschaft nun nicht mehr führen kannst,
„Die

Die beste Welt.

„Die glücklichen Stunden sind nicht mehr, in denen
„unsere gegenseitige Zärtlichkeit = = = Ach! Betrüb=
„te Zenoide, was hast du dem Himmel gethan, wo=
„mit hast du ein so hartes Schicksal verdienet? Ich
„kann mich darinn nicht finden. Erinnere dich alle=
„zeit deiner lieben Zenoide. Allerliebster Freund du
„wirst ewig in meinem Herzen leben. = = Nein! Du
„hast es niemals geglaubt, wie sehr ich dich lieb ha=
„be = = = Ach möchtest du doch von meinen heissen
„Lippen mein letztes lebe wohl und meinen letzten
„Seufzer empfangen können. Ich fühle es, daß
„ich meinem unglückseeligen Vater bald folgen wer=
„de: das Licht des Tages ist mir ein Schrecken, denn
„es erleuchtet nur Bubenstücke."

Der allezeit weise und vorsichtige Cacambo schlepp=
te den Candide, der sich seiner gar nicht mehr bewust
war, fort: sie nahmen den kürzesten Weg und gin=
gen zur Stadt hinaus. Candide that seinen Mund
nicht auf und sie waren schon ziemlich weit von Co=
penhagen weg, er konnte sich aber aus der Art von
Schlafsucht, darinn er begraben war, nicht ermun=
tern. Endlich sahe er seinen treuen Cacambo an
und redete wie nunmehro folgen wird.

Das siebenzehnte Capitel.
Wie Candide sich ums Leben bringen wol=
te, und es doch nicht that. Was ihm in ei=
nem Wirthshause begegnet ist.

Liebster Cacambo, vormals mein Bedienter, nunmehro
meines gleichen, allezeit mein treuer Freund, du hast
einige meiner Unglücksfälle mit mir ausgestanden, du
hast mir den heilsamsten Rath ertheilet. Du hast meine Lie=
be zur Mademoisell Cunegunde gesehen = = = Ach leider!
mein gewesener Herr, sagte Cacambo, Sie ist es, die ihnen
den allerverdammtesten Streich gespielet hat: Sie ist es,
die,

die, nachdem sie von ihren Mitbedienten erfahren hatte, daß Sie die Zenoide eben so sehr liebten, als Sie von ihr geliebet wurden, dem barbarischen Vollhass alles entdecket hat. Wenn das ist, sagte Candide, so bleibt mir nichts mehr übrig, als der Tod. Unser Philosoph zog aus seiner Tasche ein kleines Messer hervor und machte sich bereit, es zu wetzen, mit einem solchen kalten Blute, welches einem alten Römer, oder einem Engelländer Ehre gemacht haben würde. Was wollen Sie machen, sagte Cacambo? Mir den Hals abschneiden, erwiederte Candide. Sie denken vollkommen richtig sagte Cacambo: aber der Weise muß sich zu nichts entschlüssen, als nach einer sehr reifen Ueberlegung. Sie werden noch immer Zeit haben, sich ums Leben zu bringen, wenn ihnen nicht etwa die Lust dazu vergehet. Folgen Sie mir, mein lieber Herr, schieben Sie es bis Morgen auf. Je länger Sie es aufschieben, je mehr Ehre werden Sie von dieser heldenmüthigen Handlung haben. Ich lasse mir deine Gründe gefallen, sagte Candide, und über das alles, wenn ich mir sogleich diesen Augenblick die Kehle abschnitte, so würde der Zeitungsschreiber zu Trevoux nach meinem Tode mein Gedächtniß beschimpfen. Nun das mag also bleiben, ich werde mir erst nach drey oder vier Tagen das Leben nehmen. Unter diesen Gesprächen kamen sie nach Helsingör einer ziemlich ansehnlichen, nicht weit von Copenhagen gelegenen Stadt: sie legten sich daselbst nieder und Cacambo freuete sich recht sehr darüber, daß der Schlaf bey dem Candide solche gute Wirkung gethan hatte. Mit dem Anbruch des Tages gingen sie aus der Stadt. Candide, der beständig ein Philosoph blieb, denn die Vorurtheile der Kindheit kan man niemals ablegen, unterhielt seinen Freund mit einigen Gedanken über das physische Gute und Böse, mit dem was die weise Zenoide mit ihm gesprochen und mit den sonnenklaren Wahrheiten, welche er aus ihrem Umgange erlernet hatte. Wenn Pangloß nicht todt wäre, sagte er, ich würde sein Lehrgebäude mit siegreichen Waffen bestreiten. GOtt bewahre mich, daß ich nicht ein Manichäer werde. Meine Geliebte hat mich gelehret, daß man den undurchdringlichen Vorhang, welchen die Gottheit braucht, um die Art und Weise, wie Sie auf uns wirket, vor unsern Augen zu verbergen, mit Ehrfurcht betrachten soll. Vielleicht ist es der Mensch, der sich selbst in den Abgrund des Elendes, worüber er seufzet, hinein gestürzet hat: aus einem Thier, das

sich

Die beste Welt.

sich aus dem Gewächsreiche ernähren solte, hat er ein fleischfressendes Thier gemacht. Die Wilden, welche wir gesehen haben, fressen nur die Jesuiten und sie leben unter sich ziemlich einig. Die Wilden, wenn es dergleichen giebt, die einzeln in den Wäldern leben, und nur von Eicheln und Kräutern sich ernähren, sind ohne Streit noch viel glücklicher. Die Gesellschaft ist die Mutter der größesten Bubenstücke gewesen. Es giebt Menschen in der Gesellschaft, die ihrer Umstände wegen aus Noth gedrungen sind, den Tod der Menschen zu wünschen. Wenn ein Schiff auf dem Meere untergehet, wenn ein Haus abbrennet, wenn eine Schlacht verlohren geht, so wird ein Theil der Gesellschaft dadurch zur Traurigkeit aufgefordert, der andere Theil macht sich darüber recht sehr lustig. Es ist alles sehr schlecht, mein lieber Cacambo, und dem Weisen bleibt kein anderes Mittel übrig, als sich, so sanft, als es sich thun läßt, den Hals abzuschneiden. Sie haben recht, sagte Cacambo: aber ich sehe da ein Wirthshaus, Sie müssen gewiß sehr durstig seyn. Lassen Sie uns da herein gehen mein lieber gewesener Herr und zusammen eins trinken und hernach unsere philosophische Unterredungen weiter fortsetzen.

Sie gingen in das Wirthshaus hinein. Ein Haufen Bauern und Bauerweiber tanzten mitten in dem Hofe bey dem Klange einiger schlechten Instrumente. Auf allen ihren Gesichtern sahe man nicht als Fröhlichkeit. Es war hier ein Schauspiel, welches verdient hätte, von dem Pinsel eines Vatau geschildert zu werden. So bald Candide hervorgetreten war, nahm ihn ein junges Mägdchen bey der Hand und forderte ihn zum Tanz auf. Mein schönes Kind, gab ihr Candide zur Antwort, wenn man seine Geliebte verlohren hat, wenn man seine Frau wiedergefunden hat, wenn man erfahren hat, daß der große Pangloß todt ist, so hat man ganz und gar nicht Lust Luftsprünge zu machen. Ueber das alles muß ich mir Morgen früh das Leben nehmen und Sie sehen es ein, daß ein Mann der nur noch einige Stunden zu leben übrig hat, seine Zeit nicht mit Tanzen verliehren darf. Darauf näherte sich Cacambo dem Candide und sprach zu ihm, wie folget. Die Ehrbegierde ist allezeit die Leidenschaft großer Philosophen gewesen. Cato von Utica tödtete sich, nachdem er wohl geschlafen hatte. Socrates verschluckte den Schierlingstrank nachdem er sich vorher mit seinen Freunden vertraulich unterredet hatte: verschiedene Engelländer haben sich die Kugel durch den Kopf gejaget, nachdem sie vorher gut gespeiset hatten: aber so viel ich weiß, hat sich noch kein grosser Mann den Hals abgeschnitten, nachdem er vorher recht vergnügt getanzet hatte. Ihnen mein liebster Herr! ist diese Ehre aufgehoben. Glauben Sie mir, lassen Sie uns recht satt tanzen und morgen früh wollen wir uns umbringen. Hast du nicht da das hübsche braune Bauermägdchen gesehen, gab Candide zur Antwort. Sie hat in ihrer Physionomie so was einnehmendes, erwiederte Cacambo. Sie hat mir die Hände gedrücket, sagte unser Philosoph. Haben Sie wohl acht gegeben, sagte Cacambo, daß ihr in der Hitze des Tanzes der Tuch loß gegangen ist, und daß man da zwey allerliebste Brüste sehen konnte. Ich habe sie wohl gesehen, sagte Candide. Höre! wenn ich nicht den Kopf so voll hätte von der Mademoisell Zenoide . . . . Das kleine braune Mägdchen fiel dem Candide ins Wort und bath ihn aufs neue. Unser Held ließ sich erbitten und siehe da! er tanzet auf die alleranständigste Art von der Welt. Nachdem er getanzet und das hübsche Bauermägdchen umarmet hatte, begiebt er sich auf seinen Platz und denkt nicht daran die Königin des Balls zum Tanze aufzufordern. Gleich fängt man an zu murren: ein solcher kenntlicher Schimpf ärgerte alle Zuschauer und alle, die zur Handlung selbst gehöreten. Candide kannte seinen Fehler nicht und folglich war er nicht im Stande ihn zu verbessern. Drauf nähert sich ihm ein grober großer Lümmel und schlägt ihm mit der Faust ins Angesicht. Cacambo bleibt dem Lümmel nichts schuldig und giebt ihm mit dem Fuß einen Stoß in die Rippen. In dem Augenblick sind alle Instrumente zerschmissen, Hauben und Mützen der Weiber und Jungfern fliegen herum: Candide und Cacambo schlagen sich als Helden: endlich müssen sie die Flucht nehmen, nachdem sie mit Prügeln recht waren gesichtet worden.

Mir wird doch alles vergiftet, sagte Candide und gab seinem guten Freunde dem Cacambo die Hand. Ich habe viel Unglück in der Welt erlebet, aber das habe ich nicht gedacht, daß ich noch mit Prügeln solte gerädert werden und zwar darum, weil ich mit einem Bauermägdchen, die mich darum gebethen hat, getanzet habe.

Das

Das achtzehnte Capitel.
Candide und Cacambo begeben sich in ein Hospital. Neue Abentheuer daselbst.

Cacambo und sein gewesener Herr, konnten nicht mehr fort. Nunmehro fielen sie in die Art der Seelenkrankheit, welche alle Fähigkeiten derselben verdirbet. Sie waren äusserst niedergeschlagen und voller Verzweiflung, als sie ein Hospital, welches zur Bequemlichkeit der Reysenden gebauet war, entdeckten. Cacambo that den Vorschlag hineinzugehen. Candide folgte ihm. Man erwies ihnen alle die Güte, welche man gemeiniglich in dergleichen Häusern zu erweisen pfleget. Sie wurden um GOttes willen bewirthet, das ist alles, was man sagen kann. In kurzer Zeit wurden ihre Wunden wieder heil, aber sie bekamen die Krätze. Es ließ sich wohl nicht vermuthen, daß diese Krankheit so in einem Tage würde können gehoben werden. Diese Vorstellung pressete unserm Philosophen Thränen aus. Er kratzte sich und sprach, Du hast mir nicht wollen laßen den Hals abschneiden, mein lieber Cacambo, dein böser Rath stürzet mich wieder in Schande und Unglück, und wenn ich mir heute die Kehle abschneiden wolte, so wird man in dem Journal von Trevoux sagen. Das war ein verzagter feiger Kerl, der hat sich umgebracht, weil er die Krätze hatte. Siehest du nun wohl, was ich davon habe, daß du so gut gewesen bist, dich meiner anzunehmen. Du hast aber meinen wahren Vortheil nicht verstanden. Wir wollen noch nicht ganz verzweifeln, antwortete Cacambo: wenn Sie mich würdigen mir zu folgen, so wollen wir hier bleiben und uns in die Bruderschaft aufnehmen laßen. Ich verstehe etwas weniges von der Chirurgie und ich verspreche ihnen unsere traurige Umstände zu versüßen und etwas erträglicher zu machen. Ach! sagte Candide, verflucht sind alle Esel und besonders die chirurgischen Esel, die der Menschlichkeit so gefährlich sind. Ich werde es niemals leiden, daß du dich vor etwas ausgiebst, was du doch nicht bist. Das ist eine Verrätherey deren abscheuliche Folgen ich mir vorstellen kann. Ueber das alles, wenn du es begreifen könntest,

test, wie hart es ist, wenn man ein Unterkönig in einer schönen Provinz gewesen ist, wenn man im Stande gewesen ist schöne Königreiche zu kaufen, wenn man der geliebte Günstling der Mademoisell Zenoide gewesen ist, und soll sich denn entschlüßen in einem Hospital als ein Klosterbruder zu dienen ... Ich begreife das wohl, erwiederte Cacambo, aber ich begreife auch, daß es sehr hart ist vor Hunger zu sterben. Bedenken Sie es wohl, daß der Vorschlag, den ich ihnen thue; vielleicht das einzige Mittel ist, welches Sie ergreifen können, um der Verfolgung des grausamen Volhalls zu entgehen und die harten Strafen, welche er ihnen zugedacht hat, glücklich zu vermeiden.

Als sie so mit einander redeten ging ein Bruder vorbey. Sie thaten ihm unterschiedene Fragen, und mit seiner Antwort konnten sie vollkommen zufrieden seyn. Er gab ihnen die Versicherung, daß die Brüder gut gehalten würden und daß man ihnen eine anständige Freyheit ließe. Candide entschloß sich also dazu: Er zog mit dem Cacambo die Kleidung eines Klosterbruders an, wozu man ihnen auf der Stelle die Erlaubniß gab, und unsere beyden Unglückseeligen, machten sich fertig andere Unglückseelige zu bedienen.

Eines Tages, als Candide rings herum einige magere Brühen austheilete, zog ein alter Greis alle seine Aufmerksamkeit an sich. Sein Gesicht war gelblich, die Lippen waren mit Schaume bedeckt, die Augen waren ihm halb verkehret, das Bild des Todes mahlete sich auf seinen holen und abgefallenen Wangen. Armer Mann! sagte Candide zu ihm, ich beklage euch herzlich, ihr müsset wohl erschrecklich viel ausstehen. Ich stehe viel aus antwortete er mit der Stimme eines Sterbenden: man sagt, ich sey hectisch, lungensüchtig, engbrüstig und dazu soll ich die Franzosen bis in die Knochen haben: wenn das wahr ist, so bin ich gewiß sehr krank. Inzwischen gehet mir alles übel und das ist mein einziger Trost. Ach! sagte Candide, nur allein der Doctor Pangloß kann in einem so beweinenswürdigen Zustande die Lehre von der besten Welt behaupten: ein jeder anderer würde schreyen, daß alles bö ... Sprechet das abscheuliche Wort nicht aus, rief der arme Mann: ich bin der Pangloß, von dem ihr sprechet. Unglückseeliger! laß mich in Ruhe und Friede sterben: alles ist gut, alles ist aufs beste eingerichtet. Der
Eifer

Eifer, mit dem er diese Worte aussprach, kostete ihm den letzten Zahn, welchen er mit einer ungemein starken Menge Eiter herausspuckte. Einige Augenblicke darauf starb er.

Candide beweinete ihn, denn er hatte ein gutes Herz. Der Eigensinn dieses Mannes gab unserm Philosophen den reichsten Stoff zu mannigerley Betrachtungen: öfters erinnerte er sich an alle seine Abentheuer. Cunegunde war in Copenhagen geblieben: er erfuhr, daß sie daselbst das Handwerk einer Altflickerin trieb und sich darinn, so viel es in der Welt möglich war, hervorthat. Die große Lust zu reysen verließ ihn ganz und gar. Der treue Cacambo unterstützte ihn mit seiner Freundschaft. Candide murrete nicht mehr wieder die Vorsehung. Ich weiß daß die Glückseligkeit kein Erbtheil des Menschen ist, sagte er bisweilen. Die Glückseligkeit trift man allein in dem guten Lande Eldorado an, es kann aber kein Mensch dahin kommen.

Das neunzehnte Capitel.
Neue Abentheuer.

Candide war so sehr unglücklich nicht, denn er hatte einen guten Freund. Er hatte in der Person eines von spanischen und indianischen Eltern gebohrnen Bedienten das gefunden, was man in unsern Europa vergeblich zu suchen pfleget. Vielleicht daß die Natur, welche in America die Pflanzen, womit die leiblichen Krankheiten unsers Landes gebeilet werden, wachsen lässet, daselbst auch Hülfsmittel wider die Krankheiten unsers Verstandes und unserer Seelen aufgestellet hat. Vielleicht giebt es in der neuen Welt Menschen, die ganz anders gebildet sind als wir, die nicht Sclaven eines persönlichen Eigennutzes sind, die würdig sind das schöne Feuer der Freundschaft in ihren Adern zu empfinden. Wie sehr wäre es zu wünschen, daß man, anstatt der Ballen Indig und Cochenille, die so viel Blut gekostet haben, uns einige von gedachten Menschen zuführen möchte. Diese Art von Handel würde der Menschlichkeit ungemein vortheilhaft seyn. Cacambo war dem Candide mehr werth, als ein Dutzend rothe mit eldoradischen Kieselsteinen beladene Hammel.

Die beste Welt.

Es schien als wenn unser Philosoph wieder anfangen wolte an dem Vergnügen zum Leben einen Geschmack zu gewinnen. Das war sein Trost, daß er Gelegenheit hatte zur Erhaltung der Menschen etwas beyzutragen und daß er in der menschlichen Gesellschaft nicht ein ganz unnützes Mitglied war. GOtt seegnete diese reine Gesinnungen und schenkte ihm, so wie dem Cacambo, die Süßigkeiten eines gesunden Lebens. Sie hatten die Kräze nicht mehr und erfülleten mit Freudigkeit die sauren Pflichten ihres Standes: aber das Schicksal störete sie sehr bald in der Sicherheit welche sie bisher genossen hatten. Cunegunde welche sichs recht ernstlich vorgesetzet hatte, ihrem Ehemann Verdruß zu machen, verließ Copenhagen in der Absicht ihm auf den Fuß nachzufolgen. Von ohngefähr kam sie in dieses Hospital: sie wurde von einem Mann begleitet, in dem Candide den Herrn Baron von Thunder-ten-Tronckh, erkannte. Man kann sichs wohl einbilden, wie groß seine Verwunderung darüber gewesen seyn müsse. Der Baron, welcher dieses merkte, redete ihn folgendermaßen an. Ich habe nicht lange Zeit auf den Ottomannischen Galeeren rudern dürfen. Die Jesuiten bekamen von meinem Schicksal Nachricht und haben mich zur Ehre der Gesellschaft losgekaufet. Ich habe eine Reyse nach Deutschland gethan, woselbst die Erben meines Vaters, mir haben einige Wohlthaten zufließen laßen. Ich habe mir alle mögliche Mühe gegeben, um meine Schwester wieder anzutreffen und da ich aus Constantinopel die Nachricht einzog, daß sie mit einem Schiffe, welches an den Küsten von Dännemark Schifbruch gelitten, fortgereyset wäre, so habe ich mich verkleidet. Ich habe an einige dänische Kaufleute, die mit der Gesellschaft in Verbindung stehen, Empfehlungs-Schreiben mitgenommen: und endlich habe ich meine Schwester wieder gefunden. Sie liebet Sie, so wenig Sie auch ihrer Freundschaft würdig sind. Und weil Sie nun einmal so unverschämt gewesen sind, bey ihr zu schlafen, so gebe ich meine Einwilligung, daß die Ehe bestätiget oder vielmehr aufs neue vollzogen werden kann: aber wohl zu verstehen, daß meine Schwester ihnen nur die linke Hand giebt: welches denn auch sehr vernünftig ist, weil sie zwey und siebenzig Ahnen hat und Sie haben gar keine. Ach! sagte Candide, alle Ahnen von der Welt ohne Schönheit = = Mademoiselle Cunegun-

Die beste Welt.

negunde war, sehr häßlich als ich die Thorheit beging und
sie heyrathete: sie ist wieder schön geworden und ein ande=
rer hat ihre Reitze genossen: sie ist wieder häßlich geworden
und Sie verlangen, ich soll ihr wieder die Hand geben. Nein,
in Wahrheit, mein hochwürdiger Vater, schicken Sie
sie wieder in ihr Serail nach Constantinopel, sie hat mir
in diesem Lande zu viel Böses gethan. Laß dich doch bewe=
gen, Undanktbarer! sagte Cunegunde und verdrehete ih=
ren Körper, daß einem angst und bange wurde, nöthige
den Herrn Baron, der ein Priester ist, nicht, uns alle
beyde ums Leben zu bringen und seine Schande im Blute
zu waschen. Glaubest du denn wohl daß ich fähig gewe=
sen bin, die Treue, welche ich dir schuldig bin, mit guten
Willen aus den Augen zu setzen. Was meynest du, was
ich wohl machen solte? Mein Herr war bey mir; ich ge=
fiel ihm. Weder meine Thränen, noch mein Geschrey
konnten seine wilde viehische Brunst bändigen. Da ich sahe,
daß ich doch nichts gewinnen konnte, so habe ich mich so
geleget daß ich auf die allerbequemste Art, die mir nur
möglich war, konnte genothzüchtiget werden, und eine
jede andere Frau würde es eben so gemacht haben. Das
ist nun mein ganzes Verbrechen: es verdienet gewiß deinen
heftigen Zorn nicht. Ein Verbrechen, welches in deinen
Augen weit größer ist, habe ich darinn begangen, daß ich
dir deine geliebte Gebietherin geraubet habe: aber dieses
Verbrechen ist ein Beweis meiner Liebe zu dir. Komm,
allerliebstes Herzchen, wenn ich jemals wieder schön wer=
de, wenn meine Brüste, die gegenwärtig herunter hän=
gen, jemals wieder rund und elastisch werden: · · · · so
solst du alles allein genüßen, mein lieber Candide. Wir
sind nicht mehr in der Türkey und ich schwöre dirs, daß
ich mich niemals will wieder nothzüchtigen laßen.

Diese Rede machte bey dem Candide keinen sonderlichen
Eindruck. Er verlangte einige Stunden Bedenkzeit da=
rauf er sich erklären wolte, was für eine Parthey er zu er=
greifen willens sey. Der Herr Baron bewilligte ihm
zwey Stunden, in denen er mit seinem guten Freund dem
Cacambo sich berathschlagte. Nachdem sie alle Gründe,
vor und wieder, wohl erwogen hatten: so entschlossen sie
sich dem Jesuiten und der Schwester nach Deutschland zu
folgen. Siehe da! Sie verlaßen also das Hospital und be=
geben sich in Gesellschaft auf den Weg und zwar nicht zu
Fuße,

Fuße, sondern auf recht guten Pferden die der jesuitische Baron mitgebracht hatte. Sie kommen auf den Gränzen des Königreichs an. Ein großer Mann, der eben nicht sehr angenehm aussahe, betrachtete den Candide mit vieler Aufmerksamkeit. Er ist es selbst und zu gleicher Zeit warf er seine Augen auf ein klein Stückchen Papier. Mein Herr, wenn ich nicht zu neugierig bin, heissen Sie nicht Candide? Ja mein Herr, man hat mich jederzeit so genennet. Mein Herr das ist mir Ihrentwegen sehr lieb. In der That, Sie haben schwarze Augen im Kopfe, Ohren von einer mittelmäßigen Größe, ein rundes und frisch-rothes Gesicht. So wie es mir vorkommt, haben Sie wohl fünf Fuß, fünf Zoll. Ja mein Herr, so viel messe ich. Aber was fragen Sie nach meinen Ohren und nach meiner Größe. Mein Herr, bey meinem Dienste kann man nicht Vorsichtigkeit genug brauchen. Erlauben Sie mir, daß ich Ihnen noch eine kleine Frage thun darf. Sind Sie nicht in Diensten des Herrn Vollhalls gewesen? Mein Herr ‒ ‒ in Wahrheit, gab Candide, der nunmehro sehr ins Gedränge kam, zur Antwort, ich begreife nicht ‒ ‒ ‒ Und ich begreife es recht sehr gut, daß Sie derjenige sind, von dem man mir die Beschreibung zugeschicket hat. Geben Sie sich die Mühe und gehen in die Wache. Soldaten! begleitet den Herrn: das unterste Zimmer soll er bewohnen und ruft mir den Schlösser her, der soll für den Herrn eine kleine Kette von etwan dreißig bis vierzig Pfund machen. Mein Herr Candide Sie haben da ein artiges Pferd: ich brauchte ein Pferd von der Farbe: wir wollen darüber schon zurecht kommen.

Der Herr Baron unterstand sich nicht das Pferd zurück zu fordern; und Candide wurde fortgeschleppet. Cunegunde weinete eine Viertel-Stunde lang. Der Jesuite bezeigte nicht den geringsten Verdruß über diese Catastrophe. Ich wäre doch genöthiget gewesen ihn entweder umzubringen oder dich wieder mit ihm zu verheirathen, sagte er zu seiner Schwester; und wenn man es recht bedenket, so ist das, was geschehen ist, recht sehr gut. Die Ehre unsers Hauses leidet nunmehro nichts. Cunegunde reysete mit ihrem Bruder fort: nur allein der treue Cacambo wolte seinen Freund nicht verlaßen.

Das zwanzigste Capitel.

Fortgesetzte Nachricht von dem Unglück des Candide. Wie er seine geliebte Gebietherin wieder findet, und was darauf sich zugetragen.

O! Pangloß, sagte Candide, es ist ewig schade, daß Sie so elend umgekommen sind. Sie sind nur von einem Theil meiner Unglücksfälle ein Zeuge gewesen und ich schmeichelte mir, Sie endlich zu bekehren, daß Sie die ungegründete Meynung, welche Sie bis an ihr Ende behauptet haben, fahren ließen. Es giebt auf der Welt keinen Menschen, der mehr Unglücksfälle ausgestanden hätte, als ich: aber es ist auch nicht ein einziger zu finden, der nicht sein Daseyn verfluchet hätte, wie uns dieses die Tochter des Pabsts Urbans mit so vielem Nachdrucke sagte. Was wird nun aus mir werden mein lieber Cacambo? das weis ich nicht, gab Cacambo zur Antwort? alles was ich weiß, ist dieses, daß ich Sie nicht verlassen werde. Und Mademoisell Cunegunde hat mich verlaßen! sagte Candide. Ach! leider! ist ein americanischer Freund, der von spanischen und indianischen Geblüt abstammet, mehr werth als eine Frau.

So redeten Candide und Cacambo mit einander in dem Gefängniße, aus welchem sie herausgebracht wurden, weil sie wieder nach Copenhagen zurück geführet werden solten. Hier war es, wo unser Philosoph sein Schicksal erfahren solte: er vermuthete, daß es sehr traurig seyn würde und unsere Leser vermuthen das auch: aber Candide irrete sich und unsere Leser irren sich auch. In Copenhagen war es, wo das Glück auf ihn wartete. Kaum war er daselbst angelanget! so erfuhr er, daß Vollhall todt sey: dieser Barbar wurde von niemand bedauert, und jedermann ergriff die Partey des Candide. Seine Ketten wurden ihm angenommen und die Freyheit war ihm desto schätzbarer, da er dadurch Gelegenheit erhielt die Zenoide wieder zu finden. Er flohe zu ihr: sie waren lange Zeit bey einander ohne ein Wort zu sprechen, aber selbst ihr Stillschweigen sagte schon genug. Sie weineten, sie umarmeten sich, sie wolten reden und sie weineten noch. Cacambo war bey diesem Auftritt, der für zärtliche Sinnen sehr viel schönes hat, voller Empfindung: er theilete die Freude mit seinem Freunde: er empfand bey nahe eben das, was sein Freund empfand. Lieber Cacambo, anbetenswürdige Zenoide, rief Candide, Sie vertilgen aus meinem Herzen die tief eingedruckten Spuhren meiner Unglücksfälle. Die Liebe und Freundschaft verschaffen mir frohe Tage, kostbare Augenblicke. Wie viel Proben habe ich ausstehen müssen, ehe ich dieses unerwartete Glück habe erlangen können. Es ist alles vergessen, liebste Zenoide, ich sehe Sie, Sie lieben mich, alles gehet aufs Beste, so viel mich betrift, es ist alles gut in der Natur.

Zenoide konte machen, was sie wolte, der Tod des Vollhalls hatte Sie in Freyheit gesetzet. Der Hof gab ihr ein Gehalt, welches von den Gütern ihres Vaters, welche man eingezogen hatte, gehoben wurde. Sie theileten diese ihre Einkünfte mit dem Candide und dem Cacambo: sie gab ihnen in ihrem Hause einige Zimmer und in der Stadt breitete sie das Gerücht aus, daß sie von diesen beyden fremden Herren sehr wesentliche Dienste empfangen hätte und daher genöthigt wäre, ihnen alle Bequemlichkeiten des Lebens zu verschaffen und dadurch die Ungerechtigkeit gut zu machen, welche das Glück ihnen erwiesen hätte. Es gab Leute, welche die wahre Ursach ihrer Wohlthätigkeit erriethen. Das war auch sehr leicht: denn ihr Umgang mit dem Candide war auf eine verdrüßliche Art sehr bekannt geworden. Ihre Aufführung wurde von den mehresten Menschen getadelt, und nur von einigen wenigen Bürgern, die da denken konnten, gut geheißen. Zenoide machte sich etwas aus dem Beyfall der Thoren und es ging ihr nahe, daß sie nicht in den Umständen war, darinn sie denselben verdienen konnte. Endlich gab ihr der Tod der Mademoisell Cunegunde, von dem die Nachricht, durch die Kaufleute, welche mit den Jesuiten in Briefwechsel standen in Copenhagen bekannt wurde, ein Mittel an die Hand, die Gemüther zu vereinigen: sie ließ dem Candide ein Geschlechtsregister verfertigen. Der Gelehrte, welcher daran arbeitete, war ein sehr geschickter Mann; er ließ ihn aus einem der allerältesten Häuser in Europa entspringen: er behauptete sogar daß sein wahrer Name Canut wäre, ein Name den ein König von Dännemark geführt hat. Welches denn auch ehr wahrscheinlich war: di de in ut ist keine so große Verwandlung. Und Candide wurde vermittelst dieser kleinen Veränderung ein sehr großer Herr. Er vermählete sich mit der Zenoide öffentlich. Sie lebeten so ruhig mit einander, als es in der Welt zu leben möglich ist. Cacambo wurde ihr gemeinschaftlicher Freund und Candide sagte öfters: **Es gehet nicht alles so gut wie in Eldorado; aber es gehet auch nicht alles übel.**